Der große Finanzbetrug

Wie uns das neue Geldsystem Wohlstand verspricht, aber Kontrolle bringt

© 2025 Jörns Bühner

Verlag: BoD · Books on Demand GmbH, Überseering 33,

22297 Hamburg, bod@bod.de

Druck: Libri Plureos GmbH, Friedensallee 273,

22763 Hamburg

ISBN: 978-3-8192-8098-6

Der große Finanzbetrug

Wie uns das neue Geldsystem
Wohlstand verspricht,
aber Kontrolle bringt

Jörns Bühner

„Der sicherste Weg, Menschen zu kontrollieren, ist es, ihr Geld zu kontrollieren.“

Henry Kissinger

Inhaltsverzeichnis

8. KI, Algorithmen und das unsichtbare Finanzgehirn

Wie Maschinen heute über Kreditwürdigkeit, Märkte und Wohlstand entscheiden – und niemand mehr durchblickt.

9. ESG, Green Finance und der moralische Hebel

Wie Klima und Ethik zur Fassade für neue Finanzkontrolle werden.

10. Die neue Armut – wenn die Mittelschicht verschwindet

Steuern, Schulden, Inflation: Die systematische Verarmung der arbeitenden Bevölkerung.

11. Finanzielle Repression 2.0

Zinsen, Kontozugriffe, Kapitalverkehrskontrollen – wie Bürger systematisch entrechtet werden.

12. Widerstand ist möglich – Strategien für ein freies Geldleben

Bargeld, dezentrale Alternativen wie Bitcoin, Bildung, Selbstermächtigung – was jeder tun kann, bevor es zu spät ist.

Nachwort: Was kommt, wenn wir nichts tun

Eine Warnung und ein Wecker.

Einleitung

Die unsichtbare Revolution

„Die größte Revolution ist jene, die keiner bemerkt –
bis es zu spät ist."

Unbekannt

Wir leben in einer Zeit, in der das Geld selbst seine
Unschuld verliert. Es ist nicht das, was wir verdienen,
sondern das, was wir verlernen. Das entscheidet über
unsere Zukunft.

Während die meisten Menschen glauben, sie lebten in einer
Welt voller Wahlmöglichkeiten, ist das Fundament ihres
Alltags längst in Bewegung geraten. Eher unbemerkt, aber
dafür radikal. Die größte Revolution unserer Zeit findet
nicht auf der Straße statt, nicht in Parlamenten und nicht
einmal in den sichtbaren Räumen der Macht.

Sie spielt sich dort ab, wo Vertrauen in Zahlen gegossen
wird: in unserem Geldsystem. Und sie geschieht leise.

Wenn sich derart Grundlegendes verändert wie das, was
wir als Geld bezeichnen, dann müsste man meinen, es
würde eine öffentliche Debatte geben.

Es müsste Schlagzeilen geben, es müsste Streitgespräche geben, Proteste vielleicht. Doch nichts davon passiert. Im Gegenteil: Während die einen sich über Inflation wundern und die anderen ihren QR-Code an der Supermarktkasse scannen, sind sich fast alle einig – was wir erleben, ist Fortschritt. Bequemlichkeit. Modernisierung. Aber sie irren sich.

Denn das, was hier gerade umgebaut wird, ist nicht nur das Zahlungsmittel – es ist die Art, wie Macht ausgeübt wird. Es ist die Architektur einer neuen Gesellschaft, gebaut auf digitalem Sand.

In dieser neuen Welt hat das Bargeld keinen Platz mehr. In ihr sind Konten nicht mehr nur Werkzeuge, sondern Schalter, die sich von außen bedienen lassen. In ihr verschmelzen Zentralbanken mit Softwareunternehmen, Politiker mit Konzerninteressen und Algorithmen mit Gesetzen.

Die Ideologie dieser Welt ist nicht mehr links oder rechts. Sie ist effizient. Sie ist alternativlos. Sie ist unsichtbar – bis man das Licht anschaltet.

Ich schreibe dieses Buch, weil ich glaube, dass wir kurz davor sind, etwas sehr Wertvolles zu verlieren: unsere wirtschaftliche Selbstbestimmung.

Und mit ihr auch unsere politische, gesellschaftliche, vielleicht sogar unsere persönliche. Denn wer das Geld kontrolliert, kontrolliert nicht nur den Markt – er kontrolliert den Menschen. Wir verlieren unsere Freiheit.

Lass uns für einen Moment zurückspulen. Erinnerst du dich an das Jahr 2008? Die große Finanzkrise. Banken, die zu groß zum Scheitern waren. Staaten, die mit Steuergeldern retteten, was längst hätte implodieren müssen. Die zentrale Lüge damals lautete: Das System ist stabil, es hat nur kurz gewackelt.

Aber in Wahrheit war das System längst korrupt bis ins Mark. Es funktionierte nur noch, weil es sich ständig neu erfinden konnte – mit mehr Schulden, mehr Geldschöpfung, mehr Finanztricks.

Und hinter dieser Fassade aus Zahlen wuchs eine Macht, die nie gewählt wurde, nie öffentlich diskutiert wurde, aber jeden betrifft.

Diese Macht heißt: Zentralbank.

Die Zentralbanken dieser Welt sind längst keine neutralen Währungswächter mehr. Sie sind politische Akteure, die mit einem Klick Milliarden drucken, Märkte manipulieren, Zinsen steuern und mittlerweile sogar Staatsanleihen aufkaufen.

Sie sind der große unsichtbare Player im Hintergrund, der sich nie zur Wahl stellt, aber über dein Erspartes entscheidet. Und während sie die Zinsen künstlich niedrig halten und das Geld entwerten, erzählen sie dir, dass zwei

Prozent Inflation normal seien. Dass du kein Problem hast – du bildest es dir nur ein.

Aber während aktuell dein Einkauf teurer wird, dein Lohn stagniert und dein Konto langsam, aber sicher an Kaufkraft verliert, steigen Aktienmärkte, Immobilienpreise und das Vermögen jener, die schon mehr als genug haben. Es ist eine stille Enteignung. Keine mit Polizeiknüppel und Enteignungsbescheid, sondern eine, die sich in Prozentpunkten, Zinskurven und Notenbankjargon versteckt. Und niemand wehrt sich. Denn es passiert ja nichts. Oder?

Es passiert eine Menge. Es wird geplant, entwickelt, getestet, ausgerollt. Im Hintergrund arbeiten Zentralbanken weltweit an einem neuen System: der digitalen Zentralbankwährung, kurz CBDC. Der digitale Euro. Der digitale Dollar. Sie kommen nicht, sie sind schon da.

Die Pilotprojekte laufen, die Gesetzesrahmen werden vorbereitet, die mediale Begleitmusik ist schon komponiert: Innovation. Effizienz. Sicherheit. Doch was tatsächlich vorbereitet wird, ist ein Geldsystem, das bis ins Mark kontrollierbar ist.

Kein Bargeld mehr, keine Überweisungen ohne Zwischeninstanz, keine Anonymität. Und vor allem: kein Eigentum, dass du nicht mit Zustimmung des Systems verwenden darfst.

In China ist man schon weiter. Dort wird mit dem digitalen Yuan experimentiert. Wer falsch parkt, bekommt kein Ticket mehr – sondern automatisch eine Abbuchung vom Konto.

Wer im sozialen Punktesystem negativ auffällt, kann plötzlich keine Zugtickets mehr kaufen. Und wer den Staat kritisiert, kann erleben, dass sein digitales Geld sich nur noch für Brot, aber nicht für Bücher ausgeben lässt.

Das ist keine Dystopie, das ist Realität. Und wir holen sie uns ins Haus, freiwillig.

In Europa versucht man, den digitalen Euro in hübsche Worte zu kleiden. Die EZB spricht von "digitalem Fortschritt", von einem "ergänzenden Zahlungsmittel", von "mehr Möglichkeiten für Verbraucher".

Aber zwischen den Zeilen liest man das eigentliche Ziel: vollständige Nachvollziehbarkeit aller Transaktionen. Die Möglichkeit, Geld zu programmieren – also an Bedingungen zu knüpfen.

Und die Option, Negativzinsen zu erzwingen oder Guthaben mit Ablaufdatum zu versehen. Geld, das sich selbst vernichtet, wenn du es nicht schnell genug ausgibst. Was nach Science-Fiction klingt, ist längst technisch möglich – und wird auf EU-Ebene offen diskutiert.

Und dann wäre da noch Big Tech. Während die Zentralbanken an der Infrastruktur bauen, sind Apple,

Google, Amazon und neuerdings TikTok längst dabei, ihre eigenen Zahlungssysteme durchzusetzen.

Digitale Wallets, biometrische Authentifizierung, eigene Coins – die digitale Parallelwelt entsteht nicht nur im staatlichen Raum, sondern auch in der privaten Sphäre.

Wer heute ohne Bargeld einkauft, der ist bereits Teil davon. Und wer morgen keine Wallet bei Apple oder Google hat, könnte irgendwann nicht mehr voll geschäftsfähig sein.

Du siehst: Es geht nicht um Bequemlichkeit. Es geht um Kontrolle. Es geht um das, was Hannah Arendt einmal als "Verkettung von Macht und Verantwortungslosigkeit" bezeichnete. Wenn du niemanden mehr zur Rechenschaft ziehen kannst, der über dein Geld entscheidet, hast du nicht nur dein Eigentum verloren – du hast deine Freiheit verloren.

Denn du kannst zwar noch sagen, was du willst – aber wenn du nichts mehr kaufen darfst, wirst auch du sehr schnell verstummen.

Dieses Buch ist kein dystopisches Manifest. Es ist ein Warnruf, sehr fundiert, recherchiert und alles mit offenen Quellen. Ich schreibe es, weil ich glaube, dass wir an einem Kipppunkt stehen.

Noch ist nicht alles endgültig entschieden. Noch gibt es Alternativen. Noch können Menschen verstehen, was da geschieht und Widerstand leisten. Nicht mit Gewalt, sondern mit Wissen. Und mit Aufklärung, sowie mit eigenem Handeln.

Aber das Fenster schließt sich immer schneller. Und wenn es zu ist, wird es nicht wieder aufgehen.

Deshalb versuche ich mit diesem Buch ein klein wenig dazu beizutragen, dass Menschen sich jetzt noch zur Wehr setzen. Dass sie nicht alles aus Unwissen und/oder Bequemlichkeit mitmachen.

Wir sehen uns die Abschaffung des Bargelds an, die Tarnung der CBDCs, den Aufstieg von Big Tech im Zahlungsraum, die Rolle der Finanzeliten, die Verarmung der Mitte, das Märchen der Inflation, den Betrug der Kryptoindustrie – und die Ausnahme, die alles verändert: Bitcoin.

Ich werde keine Kompromisse machen. Ich werde keine Rücksicht auf politische Korrektheit nehmen. Ich werde sagen, was gesagt werden muss.

Denn das, was auf dem Spiel steht, ist nicht nur dein Kontostand. Es ist dein Leben in einer freien Gesellschaft.

Quellen (Auswahl):

- Europäische Zentralbank (EZB): www.ecb.europa.eu – Veröffentlichungen zum digitalen Euro, Arbeitsdokumente 2020–2024

- BIS (Bank for International Settlements): „CBDCs: Opportunities and Challenges", 2021

- Reitschuster.de – Artikel über digitale Yuan-Tests in China, 2022

- Norbert Häring: *„Endspiel des Kapitalismus"*, Westend Verlag, 2021

- Wall Street Journal, Financial Times, Cointelegraph – diverse Hintergrundberichte zu Big Tech und Zahlungsintegration

- Daniele Ganser (kritisch ausgewertet), Vorträge zu Macht und Kontrolle im digitalen Raum

- Report „Programmable Money" der Deutschen Bank, 2020

Kapitel 1

Das Ende des Bargelds – Chronik einer schleichenden Enteignung

„Wer die Kontrolle über das Geld verliert, verliert nicht
nur seine Unabhängigkeit
sondern auch die Freiheit zu schweigen.“

Giorgio Agamben (frei zitiert)

Am Anfang war das Kleingeld. Es klirrte in Hosentaschen, rutschte durch Kinderhände, lag in zerknitterten Umschlägen von Großeltern, wanderte durch Hände und Märkte und Kassen und ging manchmal verloren, nur um Wochen später unter dem Autositz wieder aufzutauchen. Bargeld war nie nur ein Zahlungsmittel – es war Erinnerung, Gefühl, ein Stück Leben.

Es gehörte zum Alltag, weil es etwas verkörperte, das wir heute fast schon vergessen haben: **Vertrauen in die eigene Autonomie.**

Doch was passiert, wenn das, was einmal selbstverständlich war, langsam verschwindet – und niemand protestiert? Was passiert, wenn aus der Gewohnheit der Scheine die Gewöhnung an den Scanner wird, an die App, an das bloße

Wischen über ein Display, das mehr über dich weiß, als du selbst begreifst?

Was passiert, wenn das Bargeld nicht mehr verboten, sondern einfach überflüssig *gemacht* wird?

Es gibt keinen Krieg gegen das Bargeld mit Panzern und Polizei. Die Schlacht wird geführt mit Worten wie *Innovation, Hygiene, Sicherheit* und *Effizienz*. Es ist ein Krieg ohne Schüsse – aber mit Opfern.

Und sie merken es nicht, weil sie still und freiwillig ihre letzten Münzen abgeben, ohne zu ahnen, was sie dafür bekommen: **Überwachung statt Freiheit. Kontrolle statt Vertrauen. Und irgendwann – Ohnmacht.**

Die ersten Angriffe auf das Bargeld waren subtil. Ein Limit hier, ein Gesetz da, ein bisschen mediale Panik – und der Mensch als Gewohnheitstier dankte mit Gehorsam. In Italien durften große Beträge plötzlich nicht mehr bar bezahlt werden. In Frankreich wurde die Grenze für Bartransaktionen mehrfach gesenkt, in Spanien sogar unter 1.000 Euro.

Und in Deutschland? Da wurden Barzahlungen nie verboten – aber stückweise verdächtig gemacht. Wer heute 10.000 Euro bar einzahlen will, muss sich rechtfertigen.

Und wer es öfter tut, bekommt Besuch von der Bank oder Schlimmeres: **Ein Konto, das plötzlich geschlossen wird.**

Doch wie konnte es so weit kommen? Die Antwort beginnt lange vor Corona.

Bereits 2016 erschien ein Aufsatz der Harvard-Ökonomen Kenneth Rogoff mit dem bezeichnenden Titel „*The Curse of Cash*" – der Fluch des Bargelds. Darin wurde argumentiert, Bargeld sei eine Gefahr für die Steuerdisziplin, für die Geldpolitik, für den Kampf gegen Kriminalität.

Es war ein intellektueller Giftpfeil, getarnt als ökonomische Analyse. Und er traf. Zentralbanken, Politiker, Thinktanks – sie übernahmen die Argumentation, ohne sie je zu hinterfragen. Bargeld sei das Rückgrat von Steuerhinterziehung. Von Schwarzarbeit. Von Drogenhandel. Und ganz nebenbei: ein Bremsklotz für die moderne Geldpolitik.

Denn was man mit Bargeld nicht machen kann, ist das, was die Zentralbanken heute so dringend brauchen: negative Zinsen durchsetzen. Geld entwerten, um Schulden zu tilgen. Konsum erzwingen, um das System künstlich am Leben zu halten.

Mit Bargeld funktioniert das nicht – denn Bargeld lässt sich unter dem Kopfkissen verstecken. Digitales Geld nicht.

Deshalb muss das Bargeld weg. Nicht laut. Nicht auf einmal. Aber unaufhaltsam.

Der Durchbruch kam mit Corona. Innerhalb weniger Wochen verwandelte sich das Bargeld – einst Symbol des Vertrauens – in ein angebliches Infektionsrisiko. Läden stellten auf Kartenzahlung um. Supermärkte klebten Aufkleber auf ihre Kassen. „Bitte kontaktlos zahlen", hieß es plötzlich überall. Als sei das Geld selbst zum Virus geworden.

Und die Medien? Sie spielten mit. Berichte über „unsauberes Bargeld", angebliche Virusfunde auf Banknoten, Studien mit zweifelhaftem Fundament. Was blieb, war das Gefühl: Bargeld ist unsicher. Wer bar zahlt, ist rückständig. Oder verantwortungslos.

In Wahrheit gab es nie einen wissenschaftlichen Beweis, dass Bargeld ein relevanter Übertragungsweg für Viren ist. Die WHO ruderte Monate später zurück. Doch der Schaden war da. Die Akzeptanz fürs Digitale war geschaffen – durch Angst. Und niemand wollte der sein, der sich dagegen wehrt.

Wer heute bar zahlt, wird nicht selten schief angesehen. So funktioniert psychologische Kriegsführung im Konsensformat.

Das perfide an dieser Entwicklung ist: Niemand verbietet dir, bar zu zahlen. Du *kannst* es ja noch. Aber immer seltener. Der Parkplatzautomat akzeptiert nur Karte. Der Bäcker nimmt kein Kleingeld mehr. Das Konzertticket gibt es nur noch per App. Und irgendwann merkst du: Du bist nicht mehr frei, sondern nur noch geduldet.

Wenn man verstehen will, wie ein freies Zahlungsmittel verschwindet, muss man dort hinschauen, wo seine

Infrastruktur verwaltet wird – bei den Banken, bei der EU, bei den Regulierern, die in Sitzungsräumen sitzen, auf Konferenzen fahren und dabei nicht erklären, sondern entscheiden. Die Frage ist nicht, ob Bargeld verboten wird. Die Frage ist, wann es sich nicht mehr lohnt, es überhaupt noch zu drucken.

Denn Geld lebt nicht allein davon, dass es gesetzlich gültig ist – sondern davon, dass es nutzbar bleibt. Sobald ein Zahlungsmittel umständlich, unpraktisch oder unzugänglich wird, stirbt es ganz von selbst. Und genau das ist die Strategie: nicht das Verbot, sondern die Austrocknung.

Man könnte es das „Ausschwitzen" nennen. Erst machen Banken das Einzahlen und Abheben schwieriger. Dann verschwinden die Geldautomaten. Dann schließen die Filialen. Und schließlich wundert sich niemand mehr, dass man zum nächsten Bankautomaten zehn Kilometer fahren muss – oder dass er sonntags gar nicht mehr funktioniert.

Zwischen 2010 und 2022 wurden in Deutschland über 40 Prozent aller Bankfilialen geschlossen. In ländlichen Regionen ist der Rückzug besonders drastisch. Wer dort noch bar an Geld kommen will, ist auf Supermärkte, Tankstellen oder mobile Fahrservices angewiesen – oder auf Freunde mit Karten. Und dass, obwohl Bargeld laut Umfragen weiterhin das beliebteste Zahlungsmittel der Deutschen ist.

Wie passt das zusammen?

Gar nicht. Denn diese Entwicklung folgt nicht dem Bedürfnis der Menschen – sondern dem Willen jener, die das System gestalten. Die Deutsche Bundesbank veröffentlicht zwar regelmäßig Studien, in denen sie betont, wie wichtig Bargeld sei. Doch gleichzeitig unterstützt sie, wie auch die EZB, den Aufbau einer digitalen Zentralbankwährung – und macht kaum etwas gegen das Filialsterben.

Das gleiche Spiel in der EU: Die Kommission hat 2023 eine sogenannte Bargeldschutzverordnung vorgeschlagen. Ein Signal der Rückendeckung? Vielleicht auf dem Papier. Doch liest man die Details, findet man Schlupflöcher. Es gibt keine Pflicht für Händler, Bargeld anzunehmen.

Keine Sanktionen für Verweigerung. Kein Mechanismus, der die Versorgung sicherstellt. Es ist ein Placebo – gemacht, um Kritiker zu beruhigen. Denn parallel wird am digitalen Euro gearbeitet. Und der wird irgendwann sagen: Du brauchst das doch gar nicht mehr.

Noch deutlicher wird der Trend auf internationaler Bühne. Der Internationale Währungsfonds (IWF), der wie ein Dirigent der globalen Finanzordnung agiert, hat sich mehrfach öffentlich für die Einführung digitaler Währungen ausgesprochen – inklusive Einschränkungen für Bargeld. 2021 erklärte die IWF-Direktorin Kristalina Georgieva: „Wir müssen uns auf eine Welt vorbereiten, in der Bargeld nicht mehr die Norm ist." Das ist kein technischer Satz. Das ist eine Agenda.

Und man muss sich fragen: Warum?

Warum sollten Institutionen, die angeblich dem Wohl der Bevölkerung dienen, ein Zahlungsmittel abschaffen, das anonym, fälschungssicher, schuldenfrei und direkt ist?

Nun, die Antwort liegt auf der Hand: Kontrolle. Bargeld ist der letzte Rückzugsort des Individuums. Man kann es nicht tracken. Es ist neutral und es ist nicht manipulierbar – zumindest nicht im Moment der Zahlung. Wer heute mit Bargeld bezahlt, ist für den digitalen Blick unsichtbar.

Und genau das ist das Problem. Denn in einer Welt, in der alles sichtbar sein soll, ist das Unsichtbare eine Bedrohung. Nicht für dich – aber für die, die dich kennen und kategorisieren wollen.

Die Datenökonomie, die längst über den Finanzmarkt hinausregiert, braucht eins: Zugriff. Und das bedeutet das Ende der Barzahlung.

Wer einen Menschen verändern will, muss nicht zuerst sein Konto angreifen. Es reicht, wenn man sein Denken formt. Und genau das ist in den letzten Jahren mit dem Thema Bargeld passiert. Die psychologische Operation – man kann sie ruhig so nennen – ist viel älter als Corona. Sie begann leise, schleichend, mit einem unterschwelligen Gefühl, das sich in Medienberichten, Expertenrunden, Polit-Talks und Bankenstudien immer weiter verdichtete: Bargeld ist verdächtig.

Man nannte es „Rückschritt", „altmodisch", „ineffizient" – und vor allem: gefährlich. Wer heute bar bezahlt, so die unterschwellige Botschaft, will etwas verbergen. Er hat wohl etwas zu verbergen. Denn in einer Welt voller Transparenz ist das Private nicht mehr geschützt – es ist verdächtig. Und genau an dieser Stelle wird klar, dass es nicht mehr um Zahlungsmittel geht. Es geht um ein Weltbild. Um eine neue Normalität, in der der gläserne Mensch kein Albtraum mehr ist, sondern das Maß aller Dinge.

Wenn man die Medienberichterstattung der letzten zehn Jahre zum Thema Bargeld durchforstet, erkennt man ein klares Muster: Schlagzeilen, die das Bargeld mit Schwarzarbeit, Steuerhinterziehung und Kriminalität verbinden, machen das Gros aus. „Bargeld – das Lieblingsmittel der Geldwäscher", schrieb der Spiegel.

„Barzahlung fördert Steuerbetrug", kommentierte die Süddeutsche. Und auch öffentlich-rechtliche Sender wie ARD und ZDF übernahmen diese Narrative nahezu kritiklos – stets begleitet von „Experten", deren Nähe zu Zentralbanken, Lobbygruppen oder Thinktanks nicht selten verschwiegen wurde.

Dabei gibt es kaum belastbare Belege dafür, dass Bargeld für mehr Kriminalität sorgt. Im Gegenteil: Studien aus Ländern wie Schweden oder Norwegen, in denen Bargeld nahezu verschwunden ist, zeigen keine signifikante Reduktion der organisierten Kriminalität.

Drogenmärkte funktionieren längst digital. Steuerhinterziehung findet oft auf dem Papier statt – nicht in bar. Aber darum geht es nicht. Es geht um die Erzählung. Denn eine gut erzählte Lüge ist mächtiger als eine schlecht kommunizierte Wahrheit.

Und so wurde Bargeld zur Karikatur seiner selbst: ein Fossil, ein Störfaktor, ein Symbol für Menschen, die „etwas zu verbergen haben". Und weil niemand gerne mit Kriminellen in einen Topf geworfen wird, begannen viele, ihre Barzahlungen zu reduzieren – nicht aus Überzeugung, sondern aus Verlegenheit.

Wer heute an der Supermarktkasse Bargeld zückt, erntet Blicke. Wer 500 Euro abheben will, muss sich rechtfertigen. Und wer große Summen bar bezahlen will – ein Auto, eine Küche, eine Hochzeit – gerät automatisch in den Fokus.

Diese Stigmatisierung funktioniert so gut, weil sie auf einem simplen Prinzip basiert: Angst vor Ausgrenzung. Die wenigsten Menschen wollen auffallen. Sie wollen dazugehören. Modern sein. Fortschrittlich. Und genau das wird ihnen angeboten – gegen den Preis ihrer finanziellen Privatheit.

Hinzu kommt: Die Banken selbst spielen dieses Spiel mit, aus reinem Eigennutz. Bargeld kostet. Es muss gedruckt, transportiert und gesichert werden. Es braucht Automaten, Personal und es benötigt Infrastruktur. Digitales Geld ist einfacher, billiger, profitabler.

Und es bringt Daten. Wer mit Karte zahlt, hinterlässt Spuren. Wer mit App zahlt, liefert Profile. Und wer kontaktlos zahlt, öffnet ein Fenster in seine intimste Welt: wann, wo, wie oft, für was, mit wem.

Daraus entstehen nicht nur Finanzdaten, sondern Verhaltensdaten. Und diese sind das Gold der Zukunft.

Wenn man also heute das Gefühl hat, dass Bargeld immer weniger akzeptiert wird, dann ist das kein Zufall. Es ist auch kein Markttrend. Es ist eine gezielte Entwicklung – gewollt, gelenkt, geplant. Und sie verändert nicht nur, wie wir bezahlen. Sie verändert unser gesamtes Leben.

Das Bargeld wird nicht abgeschafft. Es stirbt nicht an einem einzigen Tag, an einem dramatischen Datum mit Gesetz und Protest und Verbotsschildern. Es stirbt schleichend. An vielen kleinen Stellen gleichzeitig. Es verliert Rechte, verliert Gewohnheiten, verliert Ansehen – bis es schließlich einfach nur noch da ist, aber niemand es mehr nutzt.

Das ist der eigentliche Masterplan. Man lässt es auslaufen. So wie man früher ein altes Betriebssystem noch einige Jahre „unterstützt" hat, bevor man die Server abschaltete.

Und dieses Auslaufen wird nicht zufällig gesteuert, sondern international koordiniert. Wer heute an die Zukunft des Geldes denkt, sollte nicht bei seiner lokalen Sparkasse suchen, sondern bei Gremien wie der Bank für Internationalen Zahlungsausgleich in Basel, beim IWF, bei der Europäischen Zentralbank und ihren Partnern in Brüssel.

Dort, in den grauen Sitzungsräumen der Macht, wird längst an einem globalen Standard gearbeitet – nicht nur für Zahlungen, sondern für Menschen.

Denn wer die Zahlungswege kontrolliert, kann auch Normen setzen. Und Normen sind keine technischen Details. Sie sind politische Werkzeuge. In den Papieren der BIS liest man mittlerweile Sätze wie: „Der digitale Zahlungsraum muss durch eine einheitliche rechtliche, technologische und operationelle Struktur organisiert werden."

Das klingt harmlos. Doch in Wahrheit bedeutet es: Die nationalen Souveränitäten sollen verschwinden – zumindest in der Finanzarchitektur.

Und das Bargeld? Es passt nicht in diese Struktur. Es ist zu unkontrollierbar, zu langsam, zu unmodern. Es lässt sich nicht einordnen, nicht zurückverfolgen, nicht einfrieren. Wer heute bar bezahlt, kann sich staatlicher Erfassung weitgehend entziehen – und das ist in einer Welt, die auf Kontrolle setzt, ein untragbarer Zustand.

Deshalb wird auf mehreren Ebenen gleichzeitig gearbeitet:

Die großen Wirtschaftsprüfungsgesellschaften – wie Deloitte, KPMG oder EY – veröffentlichen regelmäßig „Whitepapers" zur Zukunft des Zahlungsverkehrs. Darin wird Bargeld stets als Übergangstechnologie bezeichnet.

Die politischen Vorschläge der EU – wie die EU-Verordnung zu digitalen Identitäten, EUDI – beinhalten bereits implizit eine bargeldlose Logik. Und die großen Banken haben ihre Investitionen längst verlagert: in Blockchain, digitale Wallets, Payment-Lösungen. Bargeld ist für sie ein Geschäftsmodell von gestern.

Besonders auffällig ist die Rolle der Lobbygruppen. Organisationen wie Better Than Cash Alliance – gegründet von Mastercard, Visa, der Bill & Melinda Gates Foundation und unterstützt von der UN – treiben die bargeldlose Agenda aktiv voran, vor allem in Entwicklungsländern. Unter dem Vorwand von „Finanzinklusion" wird dort die digitale Zahlungsinfrastruktur ausgerollt, häufig mit staatlicher Unterstützung und internationalen Krediten.

Was auf den ersten Blick nach Fortschritt aussieht, entpuppt sich bei genauerem Hinsehen als modernes Kolonialprojekt: der Aufbau einer total kontrollierbaren Zahlungswelt – unter dem Banner der Gerechtigkeit.

Und genau dieses Modell wird nun nach Europa zurückgetragen. Mit anderen Worten: Wir holen uns das System ins Haus, das anderswo als Experiment begann.

Der digitale Euro, so wie er aktuell diskutiert wird, ist nicht nur ein Zahlungsinstrument. Er ist ein Bauplan für ein neues Gesellschaftsmodell. Eines, in dem Bargeld nur noch als Kulisse existiert – eine Erinnerung an frühere Zeiten, gepflegt wie ein Museum, aber ohne Relevanz im Alltag.

Was in der offiziellen Kommunikation als „freiwillige Ergänzung" zum Bargeld verkauft wird, ist in Wirklichkeit der Anfang vom Ende. Denn sobald der digitale Euro verfügbar ist, wird der Druck steigen, ihn zu nutzen. Staatliche Zahlungen könnten daran gebunden werden. Steuervorteile könnten damit verknüpft sein. Und Händler könnten – spätestens nach der nächsten „Krise" – verpflichtet werden, ihn zu akzeptieren. Bargeld wird dabei nicht abgeschafft – aber entwertet. Nicht in Zahlen, sondern in Bedeutung.

Bargeld ist nicht nur ein Zahlungsmittel. Es ist eine gesellschaftliche Errungenschaft. Und es ist ein politisches Statement – oft, ohne dass die Menschen das überhaupt merken. Wer heute mit einem Zehn-Euro-Schein eine Zeitung kauft, der zahlt nicht einfach.

Der sagt damit: Ich will mich nicht identifizieren. Ich will nicht, dass jemand speichert, wann und wo ich was gelesen habe. Ich will nicht, dass mein Leseverhalten, mein Einkaufsverhalten, mein Leben in einem Datenmodell verwertet wird, das mir irgendwann sagt, wer ich bin und was ich tun darf.

Denn genau das ist die Richtung, in die wir uns bewegen. Es geht längst nicht mehr nur ums Bezahlen. Es geht um Identität. Um Profile. Um Verhaltensmuster, die wirtschaftlich ausgewertet und politisch eingeordnet werden.

Die Verbindung aus digitaler Zahlung, digitaler Identität und künstlicher Intelligenz erschafft eine Welt, in der du nicht mehr entscheiden kannst, ob du teilnehmen willst – sondern nur noch, wie gläsern du dabei bist.

Bargeld ist das letzte Relikt einer Zeit, in der man noch vergessen durfte. Und damit ist es nicht alt – es ist revolutionär. Denn in einer Gesellschaft, die alles speichert, wird das Vergessen zur Befreiung.

Wenn du heute mit Bargeld bezahlst, ist diese Transaktion morgen einfach weg. Sie existiert nicht mehr. Kein Algorithmus kann sie analysieren, kein Server kann sie durchforsten, kein Unternehmen kann sie weiterverkaufen. Sie war ein Moment zwischen Menschen – und das war's.

Aber in einer Welt, die sich dem Paradigma des Messbaren verschrieben hat, ist genau das ein Problem. Denn was man nicht messen kann, lässt sich nicht regulieren. Und was sich nicht regulieren lässt, ist verdächtig. Bargeld steht damit im Widerspruch zu einer Gesellschaft, die Kontrolle mit Sicherheit verwechselt – und Freiheit mit Risiko.

Es ist bezeichnend, dass das Wort „Sicherheit" heute fast immer verwendet wird, wenn Grundrechte eingeschränkt werden. Sicherheit im Verkehr. Sicherheit im Netz. Sicherheit im Finanzsystem. Und jedes Mal stirbt ein kleines Stück Autonomie. Das passiert nicht durch Willkür, sondern durch Angst.

Die Menschen geben ihre Rechte nicht auf, weil sie unterdrückt werden – sondern weil sie sich bedroht fühlen. Und genau deshalb ist Bargeld so gefährlich für jene, die Macht über Daten und Verhalten gewinnen wollen. Denn es widersetzt sich der Logik der Angst.

Wenn man über den Wert von Bargeld spricht, sollte man sich daran erinnern, dass es in vielen autoritären Systemen das einzige Mittel war, um im Verborgenen zu helfen, zu handeln, zu überleben. In Diktaturen war Bargeld oft das letzte Mittel des Widerstands – weil es nicht überwacht werden konnte.

Weil man es teilen konnte, ohne Spuren zu hinterlassen. Weil es Eigentum bedeutete – im wahrsten Sinne des Wortes. Wenn du einen Geldschein in der Hand hast, gehört er dir. Nur dir. Nicht der Bank, nicht dem Staat und nicht irgendeinem Konzern.

Und genau deshalb wird er massiv bekämpft.

In einer digitalen Zahlungswelt gehört dein Geld nur noch in dem Moment dir, in dem du es ausgibst – und auch das nur unter Bedingungen. Banken können Konten sperren. Regierungen können Transaktionen blockieren. Zahlungsanbieter können dich aussperren.

Und irgendwann, wenn die Zentralbank das Konto direkt führt, brauchst du keine Bank mehr – du brauchst Erlaubnis. Erlaubnis, dein Geld zu bewegen. Erlaubnis, es zu nutzen. Vielleicht sogar: Erlaubnis, es zu besitzen.

Was bleibt, ist immer ein ungutes Gefühl der Abhängigkeit. Und genau das ist der Bruch mit dem Versprechen des Geldes in einer freien Gesellschaft. Denn ursprünglich war Geld ein Instrument der Souveränität. Es war ein Mittel, um selbstbestimmt zu handeln, zu tauschen, zu gestalten.

Heute wird es umgedreht: Du bekommst Geld nur, wenn du dich einordnest. Wenn du dich registrierst. Wenn du mitspielst. Und wenn du deine Daten gibst.

Das Bargeld steht also für viel mehr als nur für Scheine und Münzen. Es steht für ein anderes Menschenbild. Für das Recht auf Vergessen. Für das Recht auf Eigentum. Für das Recht, in einer Welt voller Algorithmen einfach nur Mensch zu sein – ohne Kategorie, ohne Score und ohne Berechnung.

Stell dir eine Welt vor, in der jeder Schritt, den du gehst, einen digitalen Schatten wirft. Jede Entscheidung, die du triffst – ob du morgens Kaffee kaufst, ein Zugticket buchst, eine Spende tätigst, ein Buch bestellst oder einem Freund Geld gibst – alles wird gespeichert, interpretiert, bewertet.

Stell dir vor, du hast dein Smartphone vergessen oder verlierst den Zugang zu deinem Konto. Und plötzlich stehst du da, in einem Supermarkt, mit vollen Taschen – aber ohne Zahlungsmittel. Du kannst nichts mehr kaufen, nicht einmal ein Brot. Du existierst, aber funktionierst nicht mehr.

Weil dein Zugang zur Welt an Bedingungen geknüpft wurde, die du nicht kontrollierst.

Das ist keine Dystopie, kein Science-Fiction-Film, keine übertriebene Angstfantasie. Es ist eine realistische Skizze dessen, was uns erwartet, wenn wir den Weg in die vollständige Digitalisierung unserer Finanzwelt ohne Diskussion und ohne Widerstand weitergehen.

Es ist der Moment, in dem das Bargeld nicht mehr nur fehlt – sondern bitter vermisst wird.

Denn die totale digitale Zahlungswelt ist nicht neutral. Sie ist nicht bloß eine neue Technologie. Sie ist eine Infrastruktur der Steuerung. Und sie wird nicht von Idealisten gebaut, sondern von Institutionen mit Interessen: Banken, Regierungen, Konzerne, Sicherheitsapparate.

Wer glaubt, dass diese Welt gerechter, sicherer oder menschlicher wird, verkennt die Dynamik von Macht. Die Systeme, die heute unter dem Vorwand der Bequemlichkeit entstehen, werden morgen mit der Logik der Kontrolle betrieben.

Man kann sich dann nicht mehr entscheiden, nicht mitzuspielen. In einer Welt ohne Bargeld gibt es keine Alternative. Es gibt nur noch Konformität – oder Ausgrenzung. Wer kein Konto hat, ist von allem ausgeschlossen. Wer sich weigert, bestimmte Apps zu benutzen, kann keine Tickets kaufen, keine Reisen antreten, keine Wohnungen mieten.

Und wer auffällt – politisch, sozial, ideologisch – kann ganz ohne richterlichen Beschluss stummgeschaltet werden. Denn digitales Geld ist kein Eigentum mehr, sondern ein Zugang. Und Zugang kann jederzeit entzogen werden.

Wie gehen wir mit dieser Aussicht um? Kapitulieren? Anpassen? Ignorieren? Ich glaube: Nein. Es gibt nur einen Weg – und er beginnt mit Bewusstsein. Mit Aufklärung. Mit dem Mut, den unbequemen Blick zuzulassen. Denn solange das Bargeld noch existiert, existiert auch die Möglichkeit, sich zu entscheiden.

Es ist vielleicht nicht mehr bequem. Vielleicht nicht modern. Vielleicht sogar unbequem. Aber es ist frei.

Jeder Mensch, der heute bar bezahlt, verteidigt nicht nur seine Privatsphäre – er verteidigt auch dein Recht, es morgen noch zu können.

Und je mehr Menschen das richtig verstehen, desto schwerer wird es, das Bargeld endgültig verschwinden zu lassen. Die Freiheit stirbt nicht, weil sie besiegt wird. Sie stirbt, weil sie vergessen wird.

Vergessen wir also niemals.

—

📕 Quellen und weiterführende Hinweise:

- Rogoff, Kenneth: "The Curse of Cash", Princeton University Press, 2016

- EZB: „A digital euro – progress report" (2023), www.ecb.europa.eu

- Deutsche Bundesbank: Zahlungsverhalten in Deutschland 2021

- IWF (Kristalina Georgieva): „The future of money", Speech 2021

- Better Than Cash Alliance: www.betterthancash.org

- Norbert Häring: „Schönes neues Geld", Westend Verlag, 2018

- Gunnar Kaiser (†): Vorträge zum digitalen Kontrollstaat (YouTube)

- Reitschuster.de: Artikel zur Bargeldnutzung und Pandemieeffekt

- Report: „Programmable Money", Deutsche Bank Research, 2020

Kapitel 2

Die große Umstellung
Was hinter den digitalen
Zentralbankwährungen wirklich steckt

„Wenn du die Macht über das Geld veränderst, veränderst du nicht das Geld, du veränderst die Gesellschaft."

Friedrich Dürrenmatt (frei interpretiert)

Alles beginnt mit einem Wort, das harmlos klingt. Digital. Es steht für Fortschritt, für Technik, für Effizienz. Für das Neue, das Unvermeidliche. Wenn eine Zentralbank davon spricht, ein digitales Zahlungsmittel einzuführen, denkt kaum jemand an Überwachung oder an Enteignung. Auch nicht an Programmierung menschlichen Verhaltens.

Es klingt doch eher nach Innovation. Und niemand will sich Innovation in den Weg stellen. Wer das tut, ist schnell der Ewiggestrige, der Fortschrittsverweigerer, der, der einfach nicht versteht, „wie die Welt heute funktioniert".

Doch genau da beginnt die Irreführung. Denn digitale Zentralbankwährungen – oder CBDCs, wie sie global genannt werden (Central Bank Digital Currencies) – sind kein technisches Update. Sie sind kein digitaler Ersatz für Bargeld. Sie sind kein neutraler Entwicklungsschritt in einem ohnehin zunehmend bargeldlosen Zahlungsraum. Sie sind etwas anderes. Etwas Tieferes. Und wenn man es genau betrachtet: Etwas sehr Gefährliches.

Was ist eine digitale Zentralbankwährung überhaupt?

Ganz simpel ausgedrückt: Es handelt sich um digitales Geld, das direkt von einer Zentralbank ausgegeben wird – nicht wie heute über Geschäftsbanken oder Finanzinstitute, sondern direkt.

Die Zentralbank eröffnet quasi ein Konto für jede Bürgerin, jeden Bürger. Oder sie schafft eine digitale Geldform, die in einer staatlich kontrollierten Wallet gehalten wird. Kein Zwischenglied mehr. Kein Bankkonto im klassischen Sinn. Du, dein digitales Geld und die Zentralbank sind direkt verbunden.

Auf den ersten Blick klingt das vielleicht sogar gut. Die Notenbanken betonen: Es wird sicherer. Billiger. Demokratischer. Inklusion, Stabilität, Resilienz – lauter schöne Begriffe, mit denen man in Brüssel oder Frankfurt jedes Projekt glattbügeln kann.

Der digitale Euro zum Beispiel, so verspricht es die Europäische Zentralbank, soll „eine verlässliche Ergänzung zum Bargeld" sein. Nicht als Ersatz, versteht sich. Natürlich nicht.

Doch wer zwischen den Zeilen liest und wer die Pläne der EZB, der Bank of England, der US-Notenbank Fed oder der chinesischen Zentralbank analysiert – merkt schnell:

Die Ergänzung ist nur die Übergangsform. Die Vorstufe. CBDCs sollen das Herzstück eines neuen Geldsystems bilden. Und dieses System sieht völlig anders aus als das, was wir kennen.

Es beginnt damit, dass Geld nicht mehr nur ein Tauschmittel ist – sondern ein Werkzeug der Steuerung. Und CBDCs machen genau das möglich. Sie sind programmierbar.

Das heißt: Geld kann an Bedingungen geknüpft werden. Es kann festgelegt werden, wofür du es ausgeben darfst – oder wofür nicht. Es kann ein Ablaufdatum haben. Es kann regional begrenzt sein. Es kann an Verhaltensregeln geknüpft werden. Und es kann – wenn du aus Sicht der Zentralbank oder der Politik etwas falsch gemacht hast – einfach deaktiviert werden.

Das ist keine Theorie. Das ist kein Drehbuch für einen Netflix-Thriller. Das ist Stand der technischen Entwicklung. Und es wird längst offen diskutiert – nur nicht in der Tagesschau.

Im Oktober 2023 veröffentlichte die Bank für Internationalen Zahlungsausgleich ein Papier mit dem Titel "Central Bank Digital Currencies: A New Tool for Monetary Policy." Darin wird nicht nur die steuernde

Wirkung solcher Währungen als nützlich beschrieben – sie wird explizit als Vorteil genannt. Die Zentralbank könne künftig „gezielte Impulse" setzen, indem sie Ausgabenverhalten beeinflusst. Was freundlich klingt, ist in Wahrheit eine zentrale Planwirtschaft im modernen Gewand.

Und währenddessen schlafen die Parlamente. Oder schlimmer noch: Sie nicken es ab. In der EU wurde im Frühjahr 2024 die rechtliche Grundlage für den digitalen Euro im Europäischen Parlament mit großer Mehrheit durchgewinkt. Wenige Abgeordnete stellten kritische Fragen.

Die meisten verließen sich auf das, was in den Vermerken stand: Datenschutz, Freiwilligkeit, Parallelbetrieb mit Bargeld. Was sie nicht sagten: All diese Versprechen gelten nur, solange der politische Wille es erlaubt.

Denn eines ist klar: Wer CBDCs einmal einführt, kann die Schraube jederzeit nachziehen. Und wenn das Bargeld bis dahin bereits aus dem Alltag verschwunden ist – wer wird dann noch widersprechen?

Wenn du das erste Mal von einer digitalen Zentralbankwährung hörst, denkst du vielleicht: „Ist das nicht wie Bitcoin, nur staatlich?" Und genau an dieser Stelle beginnt die große Verwechslung – eine, die nicht zufällig geschieht, sondern mit Absicht befördert wird.

Denn der Eindruck, es handle sich bei einem digitalen Euro oder einem digitalen Dollar um eine Art „staatliche Kryptowährung", ist eine strategische Täuschung. Sie soll Vertrautheit schaffen, technologische Offenheit suggerieren und dich glauben lassen, du bekommst etwas Modernes, vielleicht sogar Fortschrittliches.

Doch die Wahrheit ist: CBDCs haben mit zum Beispiel mit Bitcoin nichts gemein. Im Gegenteil – sie sind das totale Gegenteil.

Beginnen wir mal mit den Grundlagen. Bitcoin ist ein dezentrales, offenes Netzwerk. Es kennt keine zentrale Instanz, keine Behörde, keine Institution, die über dein Geld entscheidet. Es ist nicht nur digital – es ist ein Code, ein Protokoll, das jedem gehört und von niemandem kontrolliert wird.

Die Anzahl der Bitcoin ist begrenzt. Die Regeln sind transparent. Jeder kann sie prüfen, niemand kann sie heimlich ändern. In dieser Welt gibt es kein Konto, das dir gesperrt wird, kein Algorithmus, der dein Verhalten bewertet, keine Bank, die dir sagt, was du mit deinem Guthaben tun darfst. Bitcoin ist Freiheit in technischer Form – radikal, unbequem, aber konsequent.

CBDCs hingegen sind das genaue Gegenteil. Sie sind zentralisiert, vollständig kontrolliert, staatlich reguliert und technisch manipulierbar. Du hast vielleicht eine App auf deinem Handy, vielleicht sogar eine Wallet – doch der Zugriff auf dein Guthaben liegt nicht mehr bei dir.

Er liegt bei einer Behörde, einer Zentralbank, die per Knopfdruck dein Geld einfrieren, umleiten oder blockieren kann. Und mehr noch: Sie kann Regeln einführen, die dafür sorgen, dass dein Geld gar nicht mehr dir „gehört", sondern nur noch genutzt werden darf – so, wie es vorgesehen ist.

Ein Beispiel: In einem CBDC-System kann festgelegt werden, dass du eine staatliche Unterstützung – etwa ein Energiegeld oder einen Notfallbonus – nur für bestimmte Produkte ausgeben darfst. Oder nur in bestimmten Regionen. Oder nur in einem bestimmten Zeitraum. Das klingt zunächst logisch. Warum nicht gezielt helfen?

Aber was, wenn diese Steuerung irgendwann ausgeweitet wird? Was, wenn man festlegt, dass du dein ganz normales Geld nur noch für „klimafreundliche" Produkte nutzen darfst? Oder dass du keine Flugtickets mehr kaufen darfst, wenn dein CO_2-Budget erschöpft ist? Oder dass du dein Geld verlierst, wenn du es zu lange sparst?

All das ist nicht nur möglich – es ist bereits in technischen Machbarkeitsstudien vorgesehen. Die EZB hat in internen Papieren bereits darüber diskutiert, ob der digitale Euro ein Ablaufdatum haben könnte. Auch in China wird der digitale Yuan als Instrument zur Verhaltenslenkung getestet – dort wird er bereits bei ausgewählten Konsumentengruppen zeitlich begrenzt freigegeben, um den Konsum zu stimulieren. Wer nicht rechtzeitig einkauft, verliert das Guthaben.

Das ist keine Hypothese, sondern das ist Realität.

Und nun stell dir vor, du lebst in einem solchen System. Du erhältst deinen Lohn in digitalem Zentralbankgeld. Du kaufst ein, du zahlst Miete, du sparst – alles digital, alles überwachbar, alles jederzeit steuerbar. Was passiert, wenn du einmal aus der Reihe tanzt? Wenn du regierungskritisch bist? Wenn du an einer Demonstration teilnimmst, die plötzlich als „gefährdend" eingestuft wird? Wird dein Konto eingefroren? Werden deine Transaktionen blockiert? Bist du plötzlich „technisch arbeitsunfähig"?

Die Vorstellung mag extrem wirken, aber sie ist mehr als nur denkbar. Und in einer Welt, in der Datenpolitik zunehmend zur Machtpolitik wird, ist sie immer wahrscheinlicher. Denn wer die Kontrolle über das Geld hat, hat die Kontrolle über das Leben.

CBDCs sind nicht absolut nicht neutral. Sie sind nicht nur Technologie. Sie sind ein politisches Werkzeug – das mächtigste, das ein Staat je besessen hat.

Und während die Öffentlichkeit von „Fintech", „Blockchain" und „digitaler Innovation" spricht, wird im Hintergrund ein System installiert, das mit echter Dezentralität, wie Bitcoin sie bietet, nichts zu tun hat – außer der sprachlichen Nähe, die verschleiern soll, wie grundverschieden diese beiden Ideen in Wahrheit sind.

Man hört es in jeder offiziellen Stellungnahme, in jedem Positionspapier, in jedem Gespräch mit

Zentralbankvertretern: Der digitale Euro sei freiwillig. Niemand werde gezwungen, ihn zu benutzen.

Er werde nur eine Ergänzung sein. Eine Option. Eine zusätzliche Möglichkeit im modernen Zahlungsverkehr – gleichberechtigt neben Bargeld und Banküberweisung. Klingt beruhigend. Klingt fair. Klingt wie Demokratie im besten Sinne.

Und doch ist es eine Lüge. Nicht eine, die direkt ausgesprochen wird, aber eine, die mit Absicht verschwiegen wird. Denn wer weiß, wie Macht funktioniert, der weiß auch, dass sie sich selten offen zeigt. Sie versteckt sich hinter Angeboten, hinter technischen Standards, hinter dem, was man irgendwann als „alternativlos" empfindet.

Die Freiwilligkeit, die beim digitalen Zentralbankgeld versprochen wird, ist keine echte Wahlfreiheit. Es ist ein Übergangszustand. Eine psychologische Strategie, um Widerstand im Keim zu ersticken.

So war es schon oft.

Erinnern wir uns an die Steuer-ID. Auch sie wurde einmal eingeführt als „vereinfachende Maßnahme". Keine Pflicht, keine Bedingung – lediglich ein Verwaltungsinstrument. Heute ist sie Voraussetzung für fast alles. Oder denken wir an die elektronische Gesundheitskarte. Anfangs hieß es: Du kannst dich entscheiden. Später wurde sie zur Bedingung für medizinische Leistungen.

Und natürlich der digitale Impfnachweis: Wer sich nicht registrierte, war im Alltag plötzlich ausgeschlossen – ganz ohne Gesetz, einfach durch organisatorische Realität.

Genau so wird es mit dem digitalen Zentralbankgeld laufen. Erst ist es eine Option. Dann ist es die empfohlene Option. Dann ist es die bevorzugte Option. Und schließlich ist es die einzige noch praktikable Option – nicht, weil jemand es befiehlt, sondern weil alles andere zu umständlich geworden ist.

Stell dir vor: Dein Arbeitgeber zahlt dir dein Gehalt in digitalem Euro aus – freiwillig, versteht sich. Du kannst natürlich auch in „klassischem" Geld bezahlt werden, aber das dauert länger, ist teurer, wird von der Bank mit Gebühren belegt. Dein Steuerbescheid kommt künftig über die digitale Wallet. Deine Rückerstattung ebenfalls. Sozialleistungen? Nur noch digital, denn das spart Verwaltungsaufwand. Und nach dem nächsten Hochwasser oder der nächsten Pandemie erhalten nur jene Soforthilfe, die bereits ein digitales Zentralbankkonto haben – aus „Effizienzgründen".

Und das Bargeld? Es gibt es noch. Irgendwo. Aber niemand nimmt es mehr an. Der Händler an der Ecke will lieber kontaktlos. Der Supermarkt sowieso. Und der Onlinehandel kennt ohnehin nur digital.

Die Freiheit, von der man sprach, ist dann nur noch eine Erinnerung. Formal existiert sie vielleicht noch, auf dem

Papier, in einem Vermerk in einer Verordnung, irgendwo ganz unten im Kleingedruckten.

Aber praktisch ist sie bedeutungslos. Weil Systeme nicht durch Gesetze herrschen – sondern durch Gewohnheit, durch Bequemlichkeit, durch soziale Erwartung.

Und genau darauf zielt die ganze Konstruktion ab: dass du irgendwann gar nicht mehr nachfragst. Dass du mitmachst, weil alle mitmachen. Weil es schneller geht. Weil es einfacher ist. Und weil du sonst den Anschluss verlierst.

So werden Gesellschaften geformt – nicht mit Gewalt, sondern mit Stillstand. Einfach mit der Abwesenheit von Alternativen.

Und wenn dann das nächste große Ereignis kommt – eine Finanzkrise, eine Naturkatastrophe, ein Krieg – dann wird das System nicht mehr verhandelbar sein. Dann wird es heißen: „Jetzt geht es nicht mehr anders."

Und du wirst dich erinnern, dass man es dir einst als freiwillig verkauft hat. So funktioniert sanfte Totalität: Sie beginnt mit Optionen – und endet mit Gehorsam.

Es gibt einen Satz, der uns seit Jahren begleitet: „Wir wollen niemanden bevormunden – wir setzen auf Eigenverantwortung." Und gleichzeitig wächst das Netz aus Vorschriften, Richtlinien, Anreizen und Sanktionen so fein und dicht, dass kaum noch jemand merkt, wo die eigene Entscheidung endet und wo die still gelenkte beginnt.

Im Zentrum dieses neuen Regimes steht das Geld. Oder präziser gesagt: das digitale Geld, das in Zukunft nicht nur Zahlungsmittel ist – sondern ein Werkzeug zur Verhaltenssteuerung.

Programmierung von Geld? Für viele klingt das wie eine technische Spielerei. Doch was hier entsteht, ist weit mehr als ein paar Codezeilen, die eine Transaktion begrenzen. Es ist ein Machtinstrument von historischer Tragweite.

Denn zum ersten Mal in der Menschheitsgeschichte wird es möglich, Geld nicht nur zu geben oder zu verweigern – sondern seine Verwendung in Echtzeit zu lenken, individuell, dynamisch, automatisiert.

Wer heute denkt, er sei frei, sein Geld so auszugeben, wie er will, sollte sich fragen, wie sehr diese Freiheit von analogen Grundlagen abhängt. Bargeld kennt keine Bedingungen. Es stellt keine Fragen. Es verlangt keine Registrierung, keine App, keine Freigabe. Du gibst es weiter – und es ist getan.

Digitales Zentralbankgeld wird anders funktionieren. Es ist von Grund auf programmierbar. Und genau darin liegt sein Wesen: Du erhältst eine Zahl auf einem Bildschirm – doch die Frage ist, was diese Zahl bedeutet.

Darfst du sie für alles verwenden? Für Alkohol? Für Reisen? Für politische Spenden? Für Waffen, Bücher, Lebensmittel? Oder gibt es Bedingungen?

Bereits jetzt wird in wirtschaftswissenschaftlichen Gremien darüber diskutiert, wie man „konsumfördernde Impulse" setzen kann – zum Beispiel, indem man Guthaben verfallen lässt, wenn es nicht innerhalb eines bestimmten Zeitraums ausgegeben wird. In China wird diese Technik bereits getestet.

Die digitale Zentralbankwährung dort ist nicht nur an Zeit, sondern auch an Ort gebunden. Du darfst dein Geld nur in bestimmten Regionen ausgeben – um zum Beispiel gezielt lokale Wirtschaft zu fördern. Klingt harmlos. Ist es aber nicht. Denn das, was als Förderung beginnt, wird schnell zur Einschränkung.

Und Einschränkung ist keine Option – sie ist eine Anweisung.

Stell dir vor, es gibt in deinem Land eine Energiekrise. Die Regierung beschließt, dass der Verbrauch reduziert werden muss. Die Preise steigen, Subventionen werden eingeführt – aber nur für jene, die ihr Verhalten anpassen. Du erhältst einen Bonus, wenn du weniger verbrauchst. Du wirst automatisch bestraft, wenn du zu viel fährst, zu viel heizt, zu viel fliegst. Und dein digitales Geld – sagen wir der neue „digitale Euro" – erkennt deine Aktivitäten.

Denn deine Mobilitätsdaten, deine Transaktionen, deine Stromrechnungen sind alle verknüpft. Plötzlich kannst du an der Tankstelle nur noch für 40 Euro pro Woche bezahlen. Oder gar nicht mehr, wenn dein CO_2-Limit überschritten ist.

Absurd? Nein, absolut durchführbar. Und längst diskutiert. Und zwar nicht in Verschwörungsblogs, sondern in Strategiepapieren von Banken, Energieagenturen und internationalen Foren. Es wird nicht Verbot genannt, sondern „Verhaltenslenkung". Und es wird nicht mit Druck verkauft, sondern mit Moral.

Der Clou dieser neuen Form der Steuerung liegt darin, dass sie nicht wie eine Strafe aussieht. Sie erscheint als „Incentive", als freundlicher Hinweis, als nützliche Begrenzung für das Gemeinwohl. Die Technik ist bereit – die Logik auch. Und sobald das System läuft, braucht es keine Diskussion mehr.

Dann ist das Regelwerk im Code eingebrannt – und dein Verhalten daran gebunden.

Das ist nicht mehr das Geld, das du kennst. Es ist kein neutrales Tauschmittel mehr. Es ist ein Werkzeug, das dich belohnt, wenn du funktionierst. Und dich abstraft, wenn du nicht mitspielst.

So entsteht eine neue Gesellschaft – nicht durch Gesetze, sondern durch Programmierung.

Der Begriff Sozialkredit stammt aus einem Land, das in vieler Hinsicht zur Blaupause des digitalen Überwachungszeitalters geworden ist. In China hat man damit begonnen, das Verhalten von Menschen mit Punkten zu bewerten – basierend auf ihrem Konsum, ihrem sozialen Umfeld, ihren Äußerungen, ihrem Zahlungsverhalten.

Wer in diesem System als vertrauenswürdig gilt, erhält Privilegien. Wer aus der Reihe tanzt, verliert Rechte. Flüge, Kredite, Jobs, Bildung – alles hängt an einem digitalen Score, der sich jederzeit verändert.

Diese Struktur ruht auf mehreren Säulen: der digitalen Identität, der lückenlosen Datenanalyse – und dem vollständig kontrollierbaren Geldsystem. Und genau hier schließt sich der Kreis. Eine digitale Zentralbankwährung liefert das technische Fundament für eine Gehorsamsökonomie, die nicht von Uniformierten kontrolliert wird, sondern von Algorithmen, automatisierten Prüfketten und einer tiefgreifenden Vernetzung sämtlicher Lebensbereiche.

Der digitale Euro – ebenso wie der digitale Dollar oder der digitale Yen – bildet das Nervensystem dieser neuen Ordnung. Denn er ermöglicht, jede Transaktion mit zusätzlichen Informationen zu versehen: Wer bezahlt, wo, wann, wofür, mit welchem Konto, unter welchen Bedingungen.

Diese Daten verschmelzen mit anderen Systemen. Gesundheitsdaten, Versicherungsdaten, Mobilitätsdaten – alles lässt sich verknüpfen. Und aus dieser Verbindung entsteht ein digitales Spiegelbild jedes Menschen, präzise und permanent aktuell.

Dieses Profil dient dann als Entscheidungsgrundlage: Darf diese Person einen Kredit bekommen? Eine Wohnung? Einen Job im öffentlichen Dienst? Eine Auslandsreise?

Eine Förderung für das E-Auto? Eine Anmeldung beim Bildungskonto für das eigene Kind?

Die Antworten ergeben sich aus Scores, aus Scoringmodellen, aus digitalen Bewertungskriterien, die offiziell niemanden diskriminieren – aber sehr genau trennen. Zwischen angepasst und auffällig. Zwischen vertrauensvoll und auffällig. Zwischen förderwürdig und abweichend. Die Grenze verläuft dabei nicht durch Gesetzestexte, sondern durch Datenkorridore.

Und weil das System dabei so elegant funktioniert, wird es kaum als Zwang empfunden. Niemand setzt dich unter Druck – das System belohnt, was es für wünschenswert hält. Und es übersieht, was es nicht fördern möchte. Kein Verbot, kein Prozess und keine Polizei. Einfach nur eine Absage. Eine Sperre. Eine Lücke, durch die du nicht mehr kommst. Der Score ist zu niedrig. Der Antrag ist unvollständig. Das System aktuell überlastet.

Diese neue Ordnung hat keinen Präsidenten, der Befehle gibt. Sie kennt keine Verhöre, keine Gefängnisse, keine direkten Drohungen. Sie funktioniert über Infrastruktur. Über Zugang. Über stille Entscheidungen, die kein Gesicht haben und keinen Einspruch zulassen. Und das digitale Zentralbankgeld ist die zentrale Leitung, durch die all das gesteuert wird.

Denn in dieser Welt entscheidet sich dein Status nicht durch deine Rechte, sondern durch dein Verhalten. Du hast Zugang, solange du mitmachst. Du verlierst ihn, sobald du abweichst. Das fühlt sich zunächst unsichtbar an – bis du etwas brauchst. Und erst dann begreifst du, was du verloren hast.

CBDCs liefern die Architektur für dieses Modell. Sie machen das, was früher nur mit großem Aufwand möglich war, zu einem Standard. Sie schaffen Echtzeitbewertung, Echtzeitlenkung, Echtzeitentscheidung. Das alles geschieht in deinem digitalen Portemonnaie. Dort, wo du dich sicher fühlst. Dort, wo du bisher Freiheit erlebt hast.

Und so entsteht aus einem Zahlungsversprechen ein brutales Herrschaftsinstrument. Natürlich nicht durch Gewalt oder Erpressung, sondern durch Systemlogik und durch Ausschluss.

Die Pläne sind längst nicht mehr auf dem Reißbrett. Sie laufen. Und sie laufen schnell. In über 100 Ländern wird derzeit an digitalen Zentralbankwährungen geforscht, entwickelt oder getestet. Einige Staaten haben ihre Prototypen bereits ausgerollt. Andere haben Gesetzesrahmen vorbereitet, Pilotprojekte gestartet oder Partnerschaften mit Technologieunternehmen geschlossen.

Die digitale Wende im Geldsystem findet nicht irgendwann statt – sie beginnt gerade jetzt. Und sie trifft auf eine Öffentlichkeit, die kaum ahnt, was da auf sie zukommt.

In Europa hat die EZB ihre Vorbereitungsphase für den digitalen Euro abgeschlossen. Der Übergang zur sogenannten „Realisierungsphase" wurde im Oktober 2023 eingeleitet. Die offizielle Linie lautet: Frühestens 2026 könne mit einer Einführung gerechnet werden. Doch wer sich mit dem Projekt näher beschäftigt, spürt die Dynamik:

Das Ziel ist klar, der politische Wille stark, die technologische Infrastruktur bereit. Es gibt keine nennenswerte Opposition, keine breite gesellschaftliche Debatte, kein öffentliches Infragestellen des Grundprinzips.

Und genau das ist das Beunruhigende. Denn eine Veränderung dieser Größenordnung – die grundlegende Umstellung unseres Zahlungsmittels – müsste eigentlich mit einer großen öffentlichen Diskussion einhergehen. Sie müsste in Schulen erklärt, in Universitäten diskutiert, in Medien kritisch beleuchtet und in Parlamenten kontrovers verhandelt werden.

Doch all das bleibt aus. Die Mehrheit der Menschen weiß nicht, was ein CBDC überhaupt ist. Und jene, die sich damit befassen, hören oft nur die halbe Wahrheit.

Die Medien übernehmen weitgehend die Sprachregelung der Zentralbanken: Innovation, Effizienz, Stabilität. Ein digitales Pendant zum Bargeld – mit Datenschutz, versteht sich. Kritik wird selten geäußert, oft abgewiegelt oder als technophob dargestellt.

So entsteht ein Klima der Zustimmung weil kaum jemand widerspricht.

Dabei gäbe es viel zu besprechen. Denn jede Einführung eines digitalen Zentralbankgeldes verändert das Machtverhältnis zwischen Bürger und Staat. Sie schafft eine neue Ebene der Steuerung, eine neue Form der Abhängigkeit, ein neues System der sozialen Organisation.

Diese Veränderung geschieht nicht evolutionär, sondern geplant. Mit Konzeptpapieren, Zeitachsen, Testphasen und Pilotprojekten.

In Frankreich wird der digitale Euro bereits im Interbankenzahlungsverkehr erprobt. In Deutschland werden Fintechs vorbereitet, Wallet-Anbieter geschult, Schnittstellen definiert. In China rollt man den digitalen Yuan schrittweise über große Städte aus.

In Nigeria existiert mit dem eNaira bereits eine offizielle CBDC – allerdings mit massiver Ablehnung in der Bevölkerung. Und in den USA debattiert man über FedNow – ein Echtzeitzahlungssystem, das als technische Grundlage für einen digitalen Dollar dienen könnte.

Alle diese Entwicklungen weisen in dieselbe Richtung: Die Zukunft des Geldes wird digital, zentralisiert und programmierbar sein – sofern niemand sie aufhält.

Und genau hier liegt der Kern: Noch ist nichts unausweichlich. Noch besteht Handlungsspielraum. Noch gibt es Menschen, die verstehen, was geschieht, und bereit sind, es zu benennen. Die Frage ist nicht, ob CBDCs technisch möglich sind. Die Frage ist, ob wir eine

Gesellschaft wollen, in der das Geld, das wir verwenden, an Bedingungen geknüpft ist, die wir nicht mitgestalten.

Eine Gesellschaft, in der du bezahlen kannst, solange du dich an das unsichtbare Regelwerk hältst.

Widerstand beginnt mit Aufklärung. Mit dem Verstehen der Mechanismen. Mit dem Mut, Fragen zu stellen. Und mit der Entscheidung, selbst Alternativen zu nutzen. Wer heute bar bezahlt, setzt ein Zeichen. Wer Bitcoin versteht, erkennt die Notwendigkeit dezentraler Systeme. Wer über Geld spricht, spricht über Macht. Und über Freiheit.

Digitale Zentralbankwährungen verkörpern die größte Veränderung im Geldsystem seit dem Ende des Goldstandards. Sie kommen nicht durch Revolution, sondern durch Verwaltung. Und sie lassen sich nur stoppen, wenn Menschen erkennen, was sie zu verlieren haben – lange bevor es verschwunden ist.

—

📑 Quellen und weiterführende Hinweise:

- Europäische Zentralbank (2023): Fortschrittsbericht zum digitalen Euro

- Bank für Internationalen Zahlungsausgleich (BIS): CBDC Survey 2023

- Atlantic Council CBDC Tracker: Übersicht internationaler CBDC-Projekte

- China Daily, 2023: Berichte zur Ausweitung des digitalen Yuan

- Reitschuster.de: Kritische Artikel zur politischen Kommunikation über CBDCs

- Norbert Häring: „Schönes neues Geld" (Westend Verlag)

- BIS Working Paper No. 125, „Programmable Money and Policy Design"

Kapitel 3

Big Tech greift nach deinem Portemonnaie
Abschnitt 1: Die stillste Revolution unserer Zeit

Die größte Macht liegt bei denen, die entscheiden, was du sehen und tun darfst."

Edward Snowden

Manchmal verändern sich Gesellschaften nicht durch Gewalt, nicht durch Gesetz, nicht durch Krise – sondern durch ein Softwareupdate. Du bekommst eine neue Funktion auf deinem Smartphone. Deine Bank fragt, ob du Apple Pay aktivieren möchtest. Du siehst an der Kasse das kleine Symbol für kontaktloses Bezahlen.

Und bevor du darüber nachdenkst, hast du dein Portemonnaie schon ersetzt – durch dein Handy, deine Uhr, dein Fingerabdruck.

So funktioniert die digitale Revolution heute. Sie passiert, während du einkaufst, während du pendelst, während du denkst, es sei alles beim Alten. Doch in Wahrheit hat sich längst etwas Grundlegendes verschoben: Die Infrastruktur, über die du dein Geld bewegst, gehört nicht mehr dem Staat. Sie gehört nicht mehr deiner Bank. Sie gehört einem Konzern.

Die großen Technologiefirmen – Apple, Google, Amazon, Meta, Microsoft, neuerdings auch TikTok – haben sich nicht in den Zahlungsverkehr eingemischt. Sie haben ihn übernommen. Nicht mit einem Paukenschlag, sondern mit einer Serie scheinbar praktischer Funktionen. Digitale Wallets, biometrische Authentifizierung, In-App-Zahlungen, Subskriptionsmodelle, Belohnungssysteme.

Alles Dinge, die reibungslos, bequem und modern erscheinen. Und doch bilden sie die Grundlage für ein völlig neues Geldsystem: privat, unsichtbar, grenzüberschreitend – und entzogen jeder demokratischen Kontrolle.

Apple Pay ist nicht einfach eine Bezahlfunktion. Es ist eine Schnittstelle, über die Apple entscheiden kann, wer am Zahlungsverkehr teilnehmen darf – und wer nicht. Amazon ist nicht einfach ein Onlinehändler. Es ist ein Datenkonzern mit eigener Zahlungsabwicklung, Kreditvergabe, Versicherungen und bald einer eigenen Währung.

Google besitzt nicht nur dein Suchverhalten, sondern zunehmend auch deine Finanzhistorie – über Google Pay, über verknüpfte Bankkonten, über Kooperationen mit Fintechs.

Und all das passiert, ohne dass du es bemerkt hast. Du hast nie dafür gestimmt. Du wurdest nicht gefragt. Es gab keine öffentliche Debatte, keinen Volksentscheid, kein Gesetz zur Übertragung der Finanzinfrastruktur an Privatunternehmen.

Es gab nur einen Moment, an dem du es bequemer fandest, doppelt zu klicken, statt eine Karte einzustecken.

Diese Bequemlichkeit ist die Eintrittskarte in ein System, das nicht mehr auf Grundrechten basiert, sondern auf Nutzungsbedingungen. Und diese Nutzungsbedingungen sind kein Gesetz. Sie sind ein Vertrag, den du nicht verhandelst, sondern bestätigst – mit einem Fingertipp.

Wer in diesem System auffällt, wer sich sperrt, wer ein Risiko darstellt, fliegt raus. Dein Account wird deaktiviert. Dein Zugang entzogen. Deine App gesperrt. Ohne Gericht. Ohne Einspruch. Ohne Begründung.

In der digitalen Zahlungswelt regiert nicht das Recht, sondern der Algorithmus.

Und während die Regierungen noch damit beschäftigt sind, ihre eigenen CBDC-Projekte zu diskutieren, ist Big Tech schon fünf Schritte weiter. Apple Pay ist in über 70 Ländern verfügbar.

Amazon rollt eigene Zahlungsmodelle in Indien und Lateinamerika aus. TikTok testet in Indonesien und Nigeria eine eigene Coin-basierte Wirtschaft. Und Meta – ehemals Facebook – plant nach dem gescheiterten Libra-Projekt neue digitale Währungen für den Metaverse-Bereich. All das geschieht simultan, aggressiv, strategisch.

Wer heute glaubt, dass der Staat noch die Kontrolle über den Geldfluss hat, sollte sich fragen, wie viele seiner eigenen Zahlungen in den letzten Wochen überhaupt noch staatlich regulierte Wege genommen haben.

Wer entscheidet, ob du zahlst? Deine Bank? Deine Regierung? Oder dein App-Store?

Der Begriff „Bank" klang früher nach Sicherheit. Nach stabilen Gebäuden, nach Schließfächer und nach Vertrauen, das über jahrzehntelang gewachsen war. Die Großmutter sprach von „ihrer Sparkasse", der Vater hatte „sein Konto bei der Volksbank". Es war eine persönliche Beziehung, manchmal sogar generationsübergreifend. Die Bank kannte ihre Kunden, und die Kunden wussten: Mein Geld liegt dort – und es liegt sicher. So achte man.

Diese Vorstellung existiert leider vielfach auch heute, als ein kulturelles Echo. Doch sie hat kaum noch etwas mit der Realität des heutigen Finanzsystems zu tun. Denn während die Banken in ihrer Außenwirkung noch immer als Hüter des Geldes auftreten, hat sich die Macht längst verschoben. Sie liegt bei jenen, die den Zugang kontrollieren.

Und das sind die Technologiekonzerne.

Der Zugang zum Geld entscheidet heute darüber, wer als ökonomisch handlungsfähig gilt. Und dieser Zugang verläuft über digitale Schnittstellen – über Apps, APIs,

Identitätssysteme und technische Geräte. Wer das Interface kontrolliert, kontrolliert die Transaktion. Und wer die Transaktion kontrolliert, kontrolliert die Beziehung zwischen Käufer und Verkäufer, zwischen Konsument und Staat, zwischen Mensch und System.

Apple bestimmt über Apple Pay, ob ein Anbieter am Zahlungsprozess teilnehmen darf. Google entscheidet über seine Wallet, ob dein Gerät eine Zahlung autorisiert. Amazon verwaltet Millionen Wallets, die an Kundenbindung, Belohnungssysteme und Verhaltensanalysen gekoppelt sind. Und all das geschieht automatisiert, datengestützt, unsichtbar.

Dabei spielen klassische Banken immer weniger eine aktive Rolle. Sie werden zu Abwicklungsdienstleistern degradiert – zu Infrastruktur für eine Infrastruktur, die längst über ihren Köpfen definiert wird. Wenn du heute bei einem Online-Händler einkaufst und mit Apple Pay bezahlst, läuft der Zahlungsprozess über Apple. Nicht über deine Hausbank.

Diese liefert nur noch die Bestätigung – eine Art technischer Notar in einem Spiel, dessen Regeln woanders gemacht werden.

Und genau das ist der stille Machtwechsel, den kaum jemand wahrnimmt. Die Banken haben das Spielfeld verlassen. Sie haben es nicht einmal bemerkt. Denn die Konkurrenz war nicht laut. Sie kam nicht mit Anzug und Aktenkoffer. Sie kam als Update. Als neues Feature. Als Service.

Die Technologiekonzerne haben es verstanden, ihre Angebote so nahtlos, so intuitiv, so bequem zu gestalten, dass niemand mehr über Alternativen nachdenkt. Wer einmal mit dem Daumen gescannt hat, wer einmal sein Smartphone an das Terminal gehalten hat, will nicht zurück.

Und genau darin liegt das eigentliche Monopol: nicht in der Zahlung selbst, sondern in der Erfahrung. Wer den Alltag bequemer macht, gewinnt den Menschen. Und wer den Menschen hat, kontrolliert das Geld.

Doch diese Kontrolle endet nicht an der Kasse. Sie setzt sich fort in der Werbung, im Suchverhalten, in den Angeboten, die du bekommst – oder nicht bekommst. Der Preis, den du siehst, kann sich ändern, je nachdem, wer du bist. Die Produkte, die dir vorgeschlagen werden, basieren auf deinem bisherigen Verhalten. Und das, was du nicht siehst, existiert für dich nicht.

Aus einem Markt wird ein Feed. Aus einem Kunden wird ein Profil. Aus einer freien Entscheidung wird ein datenbasierter Vorschlag – algorithmisch justiert, mit dem Ziel maximaler Effizienz.

Und mittendrin: dein Geld. Verwaltet, kanalisiert, gelenkt – über ein System, das du nicht beeinflussen kannst, weil du keinen Zugang zum Code hast. Du kannst nicht wissen, wie dein Verhalten bewertet wird. Du kannst keine Transparenz verlangen. Du kannst nur zustimmen – oder verzichten.

So entsteht ein System, das demokratisch erscheint, aber strukturell autoritär funktioniert. Nicht durch Gesetz – durch Technologie.

Die klassische Erzählung lautet: Der Staat regelt, die Wirtschaft liefert. Die öffentliche Hand garantiert Stabilität, Rechtssicherheit, Gleichbehandlung. Unternehmen entwickeln Produkte, optimieren Prozesse, schaffen Arbeitsplätze. Diese Arbeitsteilung galt lange als ausgewogen – mal spannungsvoll, mal partnerschaftlich, aber doch im Gleichgewicht.

Aber in der digitalen Welt beginnt sich dieses Gleichgewicht aufzulösen. Und zwar nicht, weil sich die Politik zurückzieht – sondern weil sie sich einfügt in ein System, das zunehmend von Konzernen gesteuert wird, die mehr können, mehr wissen, mehr verbinden.

Big Tech übernimmt Aufgaben, die früher dem Staat vorbehalten waren. Das geschieht schrittweise, fast beiläufig. Erst wird die Identität verifiziert – über dein Google-Konto, über Face ID, über Zwei-Faktor-Anmeldung. Dann wird die Kommunikation verwaltet – über WhatsApp, Gmail, iMessage. Dann wird das Wissen kuratiert – über Google-Suchen, YouTube-Videos, algorithmische Filterblasen.

Und schließlich wird die Transaktion kontrolliert – über Apple Pay, Amazon Wallet, Google Pay.

Dabei handelt es sich nicht mehr um Dienstleistungen. Es sind öffentliche Funktionen, in privater Hand. Wer heute ein Smartphone besitzt, ist gleichzeitig Teil eines Ökosystems, das Identifikation, Kommunikation, Navigation, Konsum und Finanzverhalten miteinander verknüpft. Der Staat greift dort nur noch selten ein. Und wenn er es tut, dann nicht als Regulator – sondern als Partner.

Politiker, die auf Effizienz setzen, begrüßen diese Entwicklung. Sie bekommen fertige Systeme – funktional, nutzerfreundlich, datengestützt. Sie sparen Kosten, umgehen langsame Bürokratie, präsentieren Lösungen. In manchen Ländern wird bereits über direkte Kooperationen nachgedacht: Steuerbescheide per App, digitale Ausweise im Wallet, Sozialleistungen über Plattformen, die von Tech-Konzernen bereitgestellt werden.

Was als „digitale Verwaltung" angekündigt wird, ist in Wahrheit die Auslagerung staatlicher Souveränität.

Und genau das macht diese Entwicklung so gefährlich. Denn ein Konzern ist kein Gemeinwesen. Er kennt kein Gemeinwohl, keine sozialen Verpflichtungen, keine Verantwortung gegenüber einer Verfassung. Er kennt nur ein Ziel: Gewinn. Wachstum. Expansion. Alles andere ist Strategie.

Wenn also ein Unternehmen die Kontrolle über den Zahlungsverkehr erlangt, dann entscheidet nicht mehr das Parlament, wie finanzielle Teilhabe aussieht – sondern das

Geschäftsmodell. Und dieses Modell basiert auf Daten. Auf Verhalten. Auf Berechenbarkeit.

Big Tech erkennt schneller, wer ein Risiko darstellt. Wer viel konsumiert, gilt als wertvoll. Wer wenig interagiert, wird als inaktiv kategorisiert. Wer sich nicht einordnen lässt, erzeugt Unsicherheit. Und Unsicherheit stört den Prozess. Also wird angepasst. Gefiltert. Gelöscht. Optimiert.

Das Ergebnis ist eine Finanzwelt, die auf Sichtbarkeit basiert – aber keine Rechenschaft kennt. Entscheidungen fallen in Gremien, die keine Öffentlichkeit kennen. Geschäftsbedingungen ändern sich über Nacht. Konten verschwinden ganz einfach ohne Vorwarnung.

Kunden werden ausgeschlossen – nicht aus rechtlichen Gründen, sondern aus unternehmerischer Logik.

In dieser neuen Ordnung regiert kein Gesetzbuch, sondern eine API. Kein Parlament, sondern ein Algorithmus. Und während der Staat darauf verzichtet, seine Rolle als Garant von Freiheit und Gleichheit zu verteidigen, wird der Mensch zum Nutzer – eingebunden in ein System, das ihn versorgt, lenkt, bewertet.

So ersetzt der Konzern den Staat. Nicht durch Putsch, nicht durch Gewalt – sondern durch Angebot. Durch Funktion. Durch Komfort. Und genau darin liegt die eigentliche Gefahr: Die Menschen bemerken nicht, dass sie verwaltet werden. Weil es sich ja so praktisch anfühlt.

Geld war einmal ein öffentliches Gut. Es wurde von Staaten garantiert, von Zentralbanken verwaltet, von gesellschaftlichem Vertrauen getragen. Wer es benutzte, bewegte sich innerhalb eines rechtlich abgesicherten Rahmens. Es war nachvollziehbar, wer es herausgab, wer es regulierte, wer es beaufsichtigte. Geld war neutral, zugänglich, einheitlich. Doch im digitalen Raum entstehen neue Geldformen – unsichtbar, begrifflich diffus, eingebettet in Plattformen, deren Geschäftsmodelle auf Aufmerksamkeit beruhen.

Diese neuen Geldsysteme nennen sich „Coins", „Tokens", „Points". Sie wirken spielerisch, beinahe harmlos. Doch sie übernehmen bereits Funktionen, die bislang dem klassischen Geld vorbehalten waren: Sie dienen als Zahlungsmittel. Sie werden gespeichert, übertragen, verschenkt, gesammelt.

Sie besitzen einen Wert – und sie erzeugen eine Abhängigkeit. Denn wer sich einmal in einem Plattformökosystem bewegt, kann es nicht einfach verlassen. Das Geld dort ist gebunden – an Bedingungen, an Algorithmen, an Regeln, die außerhalb des staatlichen Rahmens entstanden sind.

Amazon Coins zum Beispiel werden genutzt, um Käufe im Amazon-System zu tätigen. Man erhält Rabatte, wenn man sie verwendet, wird belohnt, wenn man sie hortet. Sie sind keine gesetzliche Währung, aber sie funktionieren wie Geld. TikTok Points ermöglichen den Kauf virtueller Geschenke, die in Livestreams verteilt werden – und in echtes Geld zurückgetauscht werden können.

Die Plattform bestimmt den Kurs. Die Plattform entscheidet über Einlösung, Gültigkeit, Sperrung. Die Plattform ist Bank, Gesetzgeber, Aufsichtsbehörde in einem.

Solche Systeme schaffen nicht nur eigene Währungen, sondern auch eigene Ökonomien. Sie binden Nutzer durch Belohnungsmechanismen, durch emotionale Verstärkung, durch soziale Interaktion. Wer Punkte verschenkt, zeigt Anerkennung.

Wer Punkte erhält, bekommt Sichtbarkeit. Und wer außerhalb dieses Systems agiert, wird schlicht nicht mehr wahrgenommen.

Diese Form der Ökonomie operiert nicht mehr im klassischen Raum. Sie kennt keine Zentralbank, kein Bargeld, keinen Umrechnungskurs. Sie lebt in geschlossenen Systemen, in Apps, in virtuellen Räumen. Und genau das macht sie so unkontrollierbar. Denn es gibt kein Gesetz, das diese Währungen umfassend reguliert.

Es gibt keine demokratische Kontrolle, keine öffentlichen Debatten über ihren Einsatz. Und doch ersetzen sie Schritt für Schritt das, was man früher Geld nannte.

Besonders deutlich wird das im Bereich der Gaming-Industrie. Hier existieren ganze Volkswirtschaften – mit Marktplätzen, Dienstleistungen, Jobs, Preisentwicklungen.

Die Währungen sind digital, oft an den Fortschritt im Spiel gekoppelt, an Fähigkeiten, an Erfolge. Und auch hier: Die Regeln bestimmt die Plattform. Wer gegen sie verstößt, verliert seine Guthaben. Kein Gericht, keine Berufung, keine unabhängige Instanz.

Diese Welt ist keine Randerscheinung. Sie ist Realität für Millionen. Und sie wird zum Vorbild für andere Branchen. Online-Lernplattformen entwickeln Belohnungssysteme mit „Lernpunkten". Gesundheits-Apps arbeiten mit „Fitness-Coins", die sich in Gutscheine umwandeln lassen. Immer mehr digitale Dienste bauen eigene Währungssysteme – und umgehen damit das klassische Finanzsystem.

Was hier entsteht, ist ein Schatten-Geldsystem. Dezentral in seiner Erscheinung, aber zentral kontrolliert durch Konzerne. Es kennt keine Inflation, keine Zinsen, keine Steuer – solange es innerhalb der Plattform bleibt. Doch sobald es in die reale Welt zurückgeführt wird, beginnt das Verrechnungsproblem.

Und hier entsteht Macht. Denn nur die Plattform entscheidet, wann und wie ein Transfer in das klassische Geldsystem möglich ist.

Diese neuen Währungen sind nicht darauf ausgelegt, den Euro oder Dollar zu ersetzen. Sie unterlaufen ihn. Sie bauen Parallelwelten, in denen die Spielregeln anders sind. Und wer sich dort bewegt, bewegt sich außerhalb der gewohnten Schutzräume.

Wer sich fragt, warum Regierungen in der digitalen Finanzwelt kaum Grenzen ziehen, findet die Antwort dort, wo sich öffentliche Verwaltung und private Plattformlogik berühren. In einem Zeitalter, in dem technische Kompetenz entscheidet, ob eine Verwaltung funktioniert oder kollabiert, wächst der Druck auf staatliche Institutionen, Lösungen zu finden – möglichst sofort, möglichst effizient, möglichst kompatibel mit dem, was die Menschen ohnehin nutzen.

Und wer bietet diese Lösungen? Nicht das Innenministerium. Nicht die kommunale Behörde. Sondern Apple, Google, Microsoft, Amazon – mit Infrastruktur, Schnittstellen, Authentifizierungsdiensten. Der Staat will digitalisieren, aber er hat die Mittel nicht. Er hat keine Hardware.

Er hat keine Plattform und er hat keine flächendeckende ID-Verwaltung, die gleichzeitig sicher, benutzerfreundlich und skalierbar ist. Also wendet er sich an jene, die das bereits bieten – zu einem Preis, der nicht in Geld gemessen wird, sondern in Einfluss.

So entstehen hybride Systeme: Die digitale Identität liegt in einer staatlich anerkannten Wallet – aber auf einem Gerät, das Apple kontrolliert. Die Kommunikation mit Behörden läuft über Apps, die Google bereitstellt.

Der Zugriff auf Steuerbescheide oder digitale Führerscheine erfolgt über Plattformen, die den Standard setzen – nicht der Staat.

Die Verwaltungssoftware in Schulen, Kliniken und Rathäusern stammt von Konzernen, deren Server in anderen Rechtsräumen stehen.

Die Verschmelzung verläuft leise. Sie wird nicht als Machtverlagerung bezeichnet, sondern als Fortschritt. Doch in Wahrheit ändert sich die Grundarchitektur des Staates. Er wird zum Nutzer und er wird zum Kunden in einem System, das er nicht gebaut hat.

Er stellt keine Regeln mehr auf – er akzeptiert die Bedingungen, die andere festlegen. Datenschutz wird zur Variable. Souveränität wird zum Modul.

Im Finanzbereich ist diese Entwicklung besonders deutlich. Öffentliche Zahlungen – Kindergeld, Renten, Steuerrückerstattungen – könnten künftig über zentrale Wallets laufen, die auf privaten Geräten installiert sind. Die Steuer-ID wird zum Identitätsanker, verknüpft mit biometrischen Daten, digitalen Zertifikaten und Zahlungsverhalten.

Wer digital handelt, bewegt sich in einer Struktur, die nicht mehr trennscharf unterscheidet: zwischen privat und öffentlich, zwischen kommerziell und staatlich, zwischen Service und Kontrolle.

Das führt zu einer neuen Verantwortungslosigkeit. Wenn eine Plattform plötzlich beschließt, bestimmte Dienste nicht mehr anzubieten, steht der Staat hilflos daneben. Wenn ein Update den Zugriff auf eine digitale Identität blockiert, bleibt der Nutzer ohne Zugang zu ihrem Geld, zu ihren Unterlagen und zu ihrem Recht.

Die technische Infrastruktur liegt außerhalb der Reichweite demokratischer Gestaltung.

Gleichzeitig wird das Verhalten der Menschen immer stärker durch Systemlogik geprägt. Die App schlägt vor, wann du zahlen sollst. Die Plattform erinnert dich an Fristen. Die Schnittstelle entscheidet, was sichtbar ist. Du interagierst – aber du entscheidest nicht. Du nutzt – aber du kontrollierst nicht.

Und irgendwann beginnt das Gefühl, in einem System zu leben, das du zwar bedienen kannst, aber nicht mehr durchdringst.

Politische Verantwortung wird fragmentiert. Der Staat sagt, er nutze nur bestehende Lösungen. Die Konzerne sagen, sie erfüllen nur gesetzliche Vorgaben. Und der Mensch dazwischen steht vor einem System, das ihn versorgt – aber nicht mehr schützt.

Es ist leicht, sich der Wucht dieser Entwicklung zu beugen. Wer sieht, wie schnell sich digitale Infrastrukturen ausbreiten, wie effizient die Systeme von Apple, Amazon, Google oder TikTok funktionieren, wie tief sie sich bereits in unseren Alltag eingegraben haben – der spürt den Impuls, sich anzupassen.

Es fühlt sich unausweichlich an. Als sei Widerstand zwar moralisch aufrecht, aber praktisch sinnlos. Doch genau hier beginnt die Täuschung.

Denn das System, das entsteht, lebt nicht von Zwang. Es lebt von Einwilligung. Von der stillen Zustimmung der Mehrheit. Von der Bereitschaft, auf Kontrolle zu verzichten, solange der Komfort steigt. Diese Einwilligung geschieht täglich, millionenfach – nicht durch Unterschrift, sondern durch Nutzung. Wer heute mit dem Daumen doppelt klickt, um zu bezahlen, entscheidet sich für ein System, das morgen seine Bedingungen diktiert.

Doch jede Zustimmung ist umkehrbar. Die Zukunft ist nicht vorprogrammiert. Sie hängt nicht an einem Gesetz, nicht an einem Server, nicht an einer App. Sie hängt am Bewusstsein der Menschen. Und an ihrem Mut, wieder Fragen zu stellen.

Denn eine Welt, in der digitale Effizienz zur einzigen Maxime wird, kennt keine Freiheit mehr – sie kennt nur Funktion. Sie organisiert, was möglich ist. Aber sie schützt nicht, was wesentlich ist.

Was also tun?

Zuerst: verstehen. Verstehen, wie tief die Veränderung reicht, wie viel bereits still verschoben wurde. Das ist keine technische Debatte. Es ist eine gesellschaftliche Frage. Es geht nicht darum, welche App sich am besten eignet – es geht darum, wem du die Architektur deiner Handlungsfähigkeit überlässt.

Wem du erlaubst, deine Identität zu verwalten. Wer entscheiden darf, ob du Zugang zu deinem eigenen Geld hast. Und mit welchem Maß an Autonomie du leben willst.

Dann: Verantwortung übernehmen. Wer digitale Zahlung nutzt, kann bewusst wählen. Wer seine Daten weitergibt, kann verstehen, was das bedeutet. Wer die Bankverbindung mit einer Plattform teilt, entscheidet, wem er sein Verhalten offenlegt. Und wer sich für dezentrale Systeme interessiert – für Alternativen wie Bitcoin, für Projekte mit Open-Source-Charakter, für digitale Werkzeuge, die den Menschen in den Mittelpunkt stellen – der schafft Räume, in denen Kontrolle nicht das letzte Wort hat.

Und schließlich: Verbindungen schaffen. Diese Rückeroberung gelingt nicht im Alleingang. Sie braucht Bildung. Sie braucht Gespräche. Sie braucht Netzwerke, in denen Menschen einander helfen, verstehen, was auf dem Spiel steht. Denn kein Mensch kann ein System allein verändern – aber jeder Mensch kann entscheiden, woran er mitwirkt.

Big Tech hat den Zahlungsverkehr nicht mit Gewalt übernommen. Es hat ihn gewonnen – durch Bequemlichkeit, durch Intelligenz, durch Geschwindigkeit. Doch darin liegt auch der Hinweis: Was durch Zustimmung entsteht, lässt sich durch Aufklärung verändern. Und was sich verändert, kann neu gestaltet werden.

Ein Finanzsystem der Zukunft muss nicht zentralistisch sein. Es kann digital sein – und frei. Es kann effizient sein – und demokratisch. Es kann Macht verteilen – statt sie zu konzentrieren. Aber dafür braucht es Menschen, die sich trauen, neue Wege zu gehen.

Nicht in Konkurrenz zum Fortschritt, sondern als Fortschritt in einer anderen Sprache.

—

📑 Quellen und weiterführende Hinweise:

- Shoshana Zuboff: "Das Zeitalter des Überwachungskapitalismus", Campus Verlag

- Atlantic Council: „Big Tech and the Future of Payments" (Policy Brief, 2023)

- Norbert Häring: „Endspiel des Kapitalismus", Westend Verlag

- Reclaim the Net: Berichte zur Monetarisierung von TikTok-Coins und Amazon-Credit-Systemen

- European Central Bank, EBA Reports 2023: Zusammenarbeit mit Technologieanbietern im E-Wallet-Bereich

- netzpolitik.org: Dossiers zur digitalen Identität und staatlicher Kooperation mit Plattformbetreibern

- Bruce Schneier: Essays über Infrastruktur, Sicherheit und Abhängigkeit im digitalen Raum

Kapitel 4

Die Finanzialisierung des Alltags

Abschnitt 1: Wenn Märkte in Wohnungen einziehen

„Freiheit braucht keinen Download-Link. Sie beginnt mit der Entscheidung, selbst zu denken."

Giorgio Agamben

Wohnen war einmal ein Menschenrecht. Ein Zuhause bedeutete Schutz, Vertrautheit, Stabilität. In jeder Verfassung, in jedem Sozialstaatsmodell stand die Wohnung nicht nur als Raum, sondern als Ausdruck von Würde. Sie war kein Investment, kein Produkt, kein Datensatz.

Sie war ein Teil des Lebens. Und genau deshalb ist es so erschütternd, was sich in den letzten Jahren leise, aber flächendeckend verändert hat: Die Wohnung wurde zur Ware. Und der Mensch zum Mieter in einem Markt, den er weder versteht noch beeinflussen kann.

Die Geschichte beginnt mit einem neuen Blick auf den Raum, in dem du schläfst, isst, denkst, streitest, liebst. Für Investoren ist dieser Raum längst kein Zuhause mehr. Er ist eine Kapitalanlage. Eine Renditequelle. Ein sogenannter „Asset" – ein Vermögenswert, der auf dem globalen

Finanzmarkt gehandelt, versichert, verpfändet, gebündelt und weiterverkauft wird. Dabei spielt es keine Rolle, ob du in diesem Raum lebst. Wichtig ist nur, wie viel Prozent Steigerungspotenzial er besitzt.

Diese Sichtweise hat nicht mit dir begonnen. Sie kommt von oben. Von jenen, die Geld nicht verdienen, sondern verwalten. Von Fonds, die auf der Suche nach stabilen Erträgen sind. Von Versicherungen, die garantierte Renditen brauchen. Von Banken, die liquide Sicherheiten einfordern.

Und von Beratern, die aus Zahlen Werte formen – und aus Werten Gewinn. BlackRock, Vonovia, LEG, Heuschreckenfonds mit klanglosen Namen – sie alle investieren nicht in Leben, sondern in Quadratmeter.

Der Einstieg der Finanzindustrie in den Wohnungsmarkt war kein Versehen. Er war eine Strategie. Als nach der Finanzkrise 2008 die klassischen Anleihenmärkte austrockneten und die Zinsen auf historische Tiefststände fielen, suchten Kapitalverwalter nach Alternativen.

Wohnungen schienen ideal: relativ preisstabil, zahlungsstarke Mieter, gut kalkulierbare Wartungskosten, geringe politische Risiken – und in urbanen Räumen eine steigende Nachfrage. Aus dieser Analyse entstand ein neues Modell: Wohnen als Einnahmequelle für Investoren.

Was folgte, war eine Welle der Aufkäufe. Ganze Wohnblocks wurden übernommen. Siedlungen wechselten mehrfach den Besitzer, oft ohne dass die Bewohner es wussten. Wohnungen, die einmal im Eigentum von Städten oder kommunalen Betrieben lagen, wurden privatisiert – und dann in Investmentvehikel gepackt.

Ein Mietshaus in Berlin, eine Altbauwohnung in Leipzig, ein Sozialbau in München: Für einen Fonds in New York oder Toronto machen sie keinen Unterschied. Sie sind Zahlen. Potenziale. Anteile in einem Portfolio.

Und der Mensch? Der wohnt weiter. Er bezahlt pünktlich. Doch mit jeder Mieterhöhung, mit jeder Nebenkostenanpassung und mit jeder energetischen Sanierung nach Kapitalmarktlogik verliert er ein Stück von dem, was früher normal war: Sicherheit, Planbarkeit und das Gefühl zu Hause zu sein. Stattdessen lebt er in einem Markt. Und dieser Markt verlangt Rücksichtslosigkeit und Performance.

Diese Entwicklung hat Folgen. Nicht nur für die Mieten, die steigen. Sondern für das Denken über Raum. Für das soziale Gefüge einer Stadt. Für die Bindung an ein Viertel. Wer seinen Wohnort verliert, weil er sich ihn nicht mehr leisten kann, verliert oft auch sein Netzwerk, seine Kinderbetreuung, seine Nachbarn, seinen Lebensrhythmus.

Und wer als Investor Wohnungen hält, die leer stehen, weil der Wert steigt, während sie ungenutzt bleiben, nimmt das in Kauf. Denn Leerstand kann profitabel sein, wenn der Verkaufswert das Doppelte verspricht.

So wird das, was früher Wohnung hieß, zu einem Finanzprodukt. Und dieses Produkt kennt kein Zuhause.

Wenn man verstehen will, wie tief die Finanzialisierung ins Leben hineinragt, genügt es nicht, auf Mietpreise zu schauen oder auf den Immobilienmarkt. Man muss dahin blicken, wo Menschen wachsen, wo sie sich entwickeln, wo sie verwundbar sind: in der Schule, in der Klinik, im Ruhestand.

Denn auch hier hat das Kapital seine Hand ausgestreckt – nicht mit Gewalt, sondern mit Berechnung. Was früher öffentlich war, gemeinschaftlich organisiert, als soziale Aufgabe verstanden – ist heute Produkt, Portfolio, Anlage.

Beginnen wir bei der Bildung. Lange galt sie als Kernstück jeder Demokratie. Ein Ort, an dem Menschen nicht nur Wissen erwerben, sondern lernen, wie sie als freie Subjekte handeln, urteilen, widersprechen können. Aber dieser Anspruch verblasst, seit Bildung als Investition betrachtet wird – nicht in Menschen, sondern in Rendite. Schulgebäude werden privatisiert, Lehrpläne standardisiert, Tests globalisiert.

An der Spitze dieser Bewegung steht eine Industrie, die Bildung nicht als Entwicklung, sondern als Verwertung versteht.

Internationale Beratungskonzerne entwerfen Schulstrategien. Tech-Konzerne liefern Plattformen. Private Anbieter betreiben Hochschulen mit

Gewinnorientierung. Und der Mensch darin? Er wird gemessen.

An Noten, an Abschlussquoten, an Beschäftigungsfähigkeit. Bildung soll sich lohnen – nicht für die Gesellschaft, sondern für den Arbeitsmarkt.

Aus dem Lernenden wird ein Humankapital. Ein potenzieller Rückfluss. Eine Wette auf zukünftige Produktivität. Und damit auch ein Risiko. Wer ausfällt, wird aussortiert. Wer langsamer lernt, wird als ineffizient eingestuft. Wer Fragen stellt, die außerhalb der Matrix liegen, stört die Optimierung.

Das Gleiche gilt für die Gesundheit. Krankenhäuser werden fusioniert, ausgelagert, rationalisiert. Bettenzahlen, Fallpauschalen, Effizienzkennziffern bestimmen, wie lange jemand liegt, wie schnell jemand entlassen wird, welche Behandlung sich „rechnet". Private Investoren übernehmen Klinikgruppen, betreiben Pflegeeinrichtungen, kaufen Laborketten.

Und währenddessen verhandeln Ärzte über Zeitbudgets, Pflegende über Minutenpläne, Patientinnen über ihre Wartezeit.

Gesundheit ist zur Ware geworden – und das nicht erst seit gestern. Doch die Geschwindigkeit, mit der der Markt dieses Feld besetzt hat, ist neu. Der Mensch wird zum Kostenfaktor. Sein Körper zur betriebswirtschaftlichen Variable.

Seine Therapie zum Geschäftsmodell. Und auch hier gilt: Wer viel leistet, darf hoffen. Wer alt ist, komplex erkrankt, chronisch krank – verursacht Aufwand, und dieser Aufwand drückt die Bilanz.

Diese Logik folgt keiner Bösartigkeit. Sie folgt einer Struktur, die nach Rendite fragt. Nach Auslastung. Nach Optimierung. Und sie beantwortet diese Fragen mit Systemen, in denen der Mensch verschwindet – weil er sich nicht berechnen lässt.

Doch Bildung, Gesundheit, Pflege – all das sind keine Dienstleistungen. Sie sind Begegnungen. Sie sind Vertrauen, Nähe, Beziehung. Und genau diese Dimension wird verdrängt, wenn alles eine Zahl wird. Denn Zahlen kennen kein Mitgefühl. Sie messen. Und was sie nicht messen können, fällt aus dem System.

Der Begriff „Investition" hat sich langsam ins Denken geschlichen. Zuerst in der Sprache der Wirtschaft, dann in die Politik, schließlich in die alltägliche Logik. Heute investieren wir in Bildung, in Beziehungen, in Gesundheit, in Kinder – als würde das Leben selbst ein Portfolio sein, das sich rechnen muss.

Diese Sprache ist kein Zufall. Sie prägt Entscheidungen, lange bevor wir sie bewusst treffen. Und sie verändert unsere Sicht auf das, was früher selbstverständlich war: menschliche Bindung, Fürsorge, Vertrauen.

Die Frage, ob sich ein Kind „leisten lässt", stellt sich heute in vielen Familien nicht mehr als moralisches Dilemma, sondern als finanzielle Rechnung. Kita-Kosten, Miete, Mobilität, Zeitaufwand – all das wird gegengerechnet mit Karrierechancen, Wohnort, Steuervorteilen. Und obwohl diese Überlegungen realistisch scheinen, folgt ihnen ein gefährliches Prinzip: Das Leben wird zur Bilanz. Die Liebe zur Zahl. Die Zukunft zum Risiko.

Diese Denkweise entsteht nicht im Kopf einzelner Eltern. Sie entsteht in einer Gesellschaft, die Menschen an ihrem ökonomischen Output misst. Wer arbeitet, zahlt ein. Wer unterbricht, erzeugt Lücken. Wer pflegt, fällt aus dem Arbeitsmarkt. So entstehen Modelle, in denen Care-Arbeit unsichtbar bleibt, Elternschaft als Störung der Erwerbsbiografie erscheint, Alter als Last definiert wird.

Auch die Altersvorsorge spiegelt diese Entwicklung wider. Wer alt wird, soll vorsorgen. Wer vorsorgt, wird aufgefordert, zu investieren. Private Rentenmodelle, Fondsgebundene Lebensversicherungen, Riester, Rürup, ETF-Sparpläne – sie alle verwandeln das Altern in ein Projekt auf Zeit.

Die Frage lautet nicht mehr: „Wie möchte ich im Alter leben?" Sie lautet: „Wie hoch ist meine Rendite?" Und damit auch: „Was ist mein Leben wert – gemessen an den Zinsen, die ich mir erarbeitet habe?"

Doch wer jung ist, verdient oft zu wenig zum Sparen. Wer mittleren Alters ist, zahlt Kredite ab. Wer allein lebt, trägt alles selbst. Und wer sich am Kapitalmarkt nicht auskennt, geht Risiken ein, die er nicht durchschaut.

Die Folge ist: Sicherheit wird zum Privileg und Alter zu einer Lotterie, deren Gewinn nur jenen winkt, die früh genug dabei waren – oder das System verstanden haben.

Zwischen diesen Spannungen entsteht ein Alltag, der auf Zahlen balanciert. Entscheidungen über Kinder, Partnerschaften, Wohnorte, Berufswege – sie alle folgen einer unsichtbaren Ökonomie.

Der Mensch wägt ab, bevor er fühlt. Er rechnet, bevor er lebt. Und was sich nicht rechnet, wird verschoben – auf später, auf irgendwann, auf nie.

So verliert das Leben an Tiefe. Es wird planbar, aber nicht mehr offen. Es wird effizient, aber nicht mehr berührbar. Und irgendwann fragt man sich, ob das, was man Stabilität nennt, nicht längst ein anderer Name für Angst ist: die Angst, aus dem System zu fallen.

Die Angst, etwas zu tun, das keine Rendite bringt. Die Angst, Mensch zu sein in einer Welt, die nur Investoren sucht.

Die Weltkarte von heute zeigt keine Grenzen mehr, die wirklich schützen. Kein Staat, keine Kommune, kein Kontinent bleibt außen vor, wenn Kapital sich neue Felder sucht. Und dieses Kapital kennt keine Geografie – es kennt nur Rendite.

Wo einst landwirtschaftliche Flächen in öffentlicher Hand lagen, wo Bildung und Energieversorgung zur Daseinsvorsorge gehörten, wo digitale Infrastrukturen gemeinnützig aufgebaut wurden, fließt heute privates Geld – nicht zur Unterstützung, sondern zur Kontrolle. Denn wer kauft, gehört. Und wer gehört, entscheidet.

Diese Logik beginnt mit Boden. In Afrika, Asien und Südamerika kaufen Investmentfonds ganze Landstriche – fruchtbares Ackerland, Wälder, Wasserquellen. Die Deals finden oft ohne Beteiligung der Bevölkerung statt. Die lokalen Regierungen versprechen Entwicklung, Infrastruktur, Arbeitsplätze.

Die Realität sieht anders aus: Monokulturen, Exportorientierung, Abhängigkeit von Weltmarktpreisen. Das Land, das einst die Gemeinschaft ernährte, dient nun dem globalen Agrarhandel. Der Ertrag fließt an Aktionäre – weit entfernt von dem Ort, an dem er wächst.

Gleichzeitig greifen Konzerne auch nach digitalen Territorien. Glasfasernetze, Mobilfunkfrequenzen, Cloud-Server, Satellitenverbindungen – sie alle bilden die unsichtbare Landschaft, auf der sich die moderne Gesellschaft bewegt. Wer diese Infrastruktur kontrolliert, kontrolliert die Bewegung von Daten, Informationen, Kapital.

Und auch hier verlagert sich das Eigentum. Staaten mieten Speicher bei Amazon Web Services. Schulen setzen auf Google Classroom. Gesundheitsdaten wandern in

Rechenzentren, die in fremden Rechtsräumen stehen. Der Zugriff liegt nicht mehr bei der Gemeinde, sondern bei Vorständen, die in Quartalsberichten denken.

In Europa erleben wir diese Entwicklung besonders deutlich beim Thema Energie. Konzerne wie BlackRock und Vanguard sind an nahezu allen großen Energieversorgern beteiligt – nicht nur über Aktien, sondern über Anleihen, Derivate und strukturelle Beteiligungen.

Die Versorgung mit Strom, Gas, Wasser wird damit Teil eines globalen Finanzsystems. Entscheidungen über Preise, Investitionen, Umbauten werden nicht mehr allein auf kommunaler oder staatlicher Ebene getroffen, sondern im Zusammenspiel mit Anlegerinteressen. Was öffentlich erscheint, trägt im Innern die Logik des Marktes.

Diese neue Form des Kolonialismus verzichtet auf Fahnen, Uniformen und Kanonen. Sie operiert über Verträge, Beteiligungen, Beteiligungsverschleierungen. Sie nennt sich „Public Private Partnership", „strukturierte Finanzierung", „internationale Zusammenarbeit".

Doch ihre Wirkung ist die gleiche: Souveränität wird unterwandert. Autonomie wird aufgekauft. Gesellschaften verlieren die Möglichkeit, über ihr eigenes Fundament zu entscheiden.

Und wer etwas dagegen sagt? Der stößt auf Verträge, nicht auf Argumente. Auf Schiedsgerichte, anstatt auf

Parlamente. Und auf Renditeverpflichtungen, anstatt auf Gemeinwohlziele. Denn ein System, das alles als Kapital behandelt, kennt kein Außen. Es kennt nur Felder, die noch nicht erschlossen wurden.

Wenn das Leben zur Zahl wird, beginnt auch das Denken in Tabellen. Und irgendwann wird aus dem Menschen ein Projekt. Man spricht dann von Selbstverwirklichung, von Wachstum, von Potenzialen – doch gemeint ist etwas anderes: Effizienz. Nützlichkeit. Rendite. Der Mensch verwandelt sich in ein Unternehmen in eigener Sache.

Er optimiert sich, analysiert sich, vergleicht sich. Er fragt nicht mehr: „Was macht mich aus?" Er fragt: „Was bringt es mir?" Und damit beginnt eine stille Verschiebung, die tief in die Identität eingreift.

Diese Entwicklung ist kein Zufallsprodukt. Sie folgt der Logik einer Gesellschaft, in der alles verrechnet wird – auch das, was einst unmessbar war: Kreativität, Zuwendung, Stille, Vertrauen. Der Mensch wird zur Ressource. Seine Zeit wird zur Leistungseinheit.

Seine Pause zum „Recovery Window". Seine Gesundheit zum „biometrischen Zustand". Selbst das Lächeln in einer Videokonferenz lässt sich heute analysieren, bewerten, verbessern – KI-gestützt, auf Basis globaler Studien zu „Employee Sentiment".

Und während diese Systeme versprechen, dem Menschen zu dienen, bauen sie eine Struktur, die ihn bewertet. Wer viel leistet, erscheint erfolgreich. Wer langsamer denkt, wer Pausen braucht, wer zögert, fällt durch. Wer nicht mehr mithalten kann, verliert seinen Platz.

Nicht durch Kündigung, sondern durch Relevanzverlust. In einer Welt, die permanent misst, verlieren jene, die sich nicht darstellen, ihre Sichtbarkeit. Und Sichtbarkeit ist heute die Voraussetzung für Teilhabe.

Social Media spiegelt diesen Wandel. Likes, Follower, Reichweite – sie alle funktionieren wie Bewertungskennzahlen. Wer sichtbar ist, zählt. Wer sichtbar ist, wird eingeladen, gehört, zitiert. Doch wer entscheidet, was sichtbar wird? Algorithmen, programmiert von Unternehmen, deren Geschäftsmodell Aufmerksamkeit ist. Und diese Aufmerksamkeit orientiert sich an Verhalten, nicht an Tiefe. An Aktivität, nicht an Reflexion.

So entsteht ein Paradoxon: Der Mensch sucht Bestätigung – und erhält sie in Form von Zahlen. Er sucht Bedeutung – und findet sie in Metriken. Und irgendwann beginnt er, sich selbst wie ein Investment zu betrachten.

Er fragt: Wie kann ich mein Profil verbessern? Wie steigere ich meinen Marktwert? Wie optimiere ich meine Performance?

Diese Fragen wirken harmlos. Doch sie verändern das Selbstbild. Sie verschieben die Beziehung zur Welt. Denn wer sich selbst wie ein Produkt behandelt, erwartet auch von anderen Effizienz. Zuwendung wird zur Transaktion. Beziehungen werden zu Netzwerken. Und Nähe verwandelt sich in Kontaktfläche.

Freiheit verliert in diesem Denken ihren Sinn. Sie bedeutet nicht mehr: Unabhängigkeit, Würde, Entscheidungskraft. Sie bedeutet: Bewegungsfreiheit innerhalb eines optimierten Lebens. Sie wird zur Option, nicht zum Prinzip. Der freie Mensch wird zum funktionierenden Menschen. Und Funktionieren ist kein Ausdruck von Würde – es ist ein Ausdruck von Systemtreue.

Wer sich selbst bilanziert, verliert irgendwann den Blick auf das, was nicht zählbar ist: Freude. Sinn. Stille. Fehler. Und genau dort beginnt das, was man Entfremdung nennt. Als eine Erfahrung und als leise Ahnung, dass das Leben mehr sein könnte als ein Profil mit Datenpunkten.

Es gibt einen Punkt, an dem jede Zahl aufhört zu sprechen. Einen Moment, in dem sich Rechenmodelle erschöpfen, Grafiken keine Aussagekraft mehr besitzen, Pläne versagen. Dieser Punkt ist das Leben selbst – in seiner unberechenbaren, widersprüchlichen, leuchtenden Eigenart.

Kein Mensch lässt sich vollständig kalkulieren. Kein Moment ist vollständig wiederholbar. Und keine Erfahrung lässt sich in Rendite umwandeln, ohne dass sie dabei ihren Wert verliert.

Doch um diesen Punkt wieder zu finden, braucht es Mut. Denn die Gesellschaft, in der wir leben, belohnt Verwertung. Sie kennt Ziele, Pläne, Messwerte. Sie liebt Klarheit, Geschwindigkeit, Leistung. Wer aus dieser Logik aussteigt, begegnet oft Unverständnis. Wer Dinge tut, die sich nicht rechnen – ein krankes Elternteil pflegen, ein Gedicht schreiben, mit Kindern träumen –, erfährt selten Applaus.

Und doch liegt in genau diesen Momenten die Antwort auf die Frage, wie wir der Finanzialisierung entkommen können: durch Zuwendung. Durch Entscheidung. Durch einen anderen Blick auf das, was wirklich zählt.

Ein Leben jenseits der permanenten Verwertung beginnt dort, wo Menschen ihre eigenen Maßstäbe setzen. Wer sagt: „Ich arbeite langsamer, weil ich gründlicher bin" – setzt ein Zeichen. Wer entscheidet: „Ich bleibe bei der Miete, die fair ist, auch wenn ich mehr verlangen könnte" – verändert ein Stück dieser Welt.

Und wer sagt: „Ich brauche nicht mehr, um gut zu leben" – stellt das Fundament der Wachstumsideologie in Frage.

Diese Entscheidungen geschehen nicht auf den großen Bühnen. Sie geschehen im Alltag. In Cafés, in Familien, in Netzwerken, die sich gegenseitig stärken. In Projekten, die nicht auf Gewinn ausgelegt sind, sondern auf Sinn. In Bewegungen, die nicht alles messen wollen – sondern verstehen.

Dort entsteht eine andere Ökonomie. Eine, in der der Mensch nicht Mittel, sondern Zweck ist.

Auch die Politik hat hier eine Aufgabe. Nicht durch mehr Regulierung, sondern durch andere Fragen. Was ist ein gutes Leben? Wie erhalten wir Räume, in denen Menschen nicht verwertet werden müssen, um dazuzugehören?

Welche Infrastruktur brauchen wir, damit Bildung, Gesundheit, Wohnen wieder als Teil des Gemeinwohls verstanden werden – und nicht als Anlageform?

Technik allein gibt auf diese Fragen keine Antwort. Auch Digitalisierung ist kein Allheilmittel, wenn sie auf den gleichen Prinzipien beruht wie das System, das sie ablösen soll. Doch Technik kann anders gestaltet werden. Plattformen können offen sein. Daten können solidarisch verwaltet werden. Zeit kann geteilt, nicht verkauft werden.

Das Leben lässt sich nicht planen wie ein Portfolio. Es lässt sich nur gestalten – gemeinsam, tastend, oft unsicher, aber voller Würde. Und diese Gestaltung beginnt dort, wo Menschen den Mut haben, Nein zu sagen. Zu einem System, das alles zählt – außer dem, was zählt.

—

📑 Quellen und weiterführende Hinweise:

- Ivan Illich: Entschulung der Gesellschaft (Rowohlt Verlag)

- Saskia Sassen: Ausgrenzungen – Brutalität im urbanen Raum (Suhrkamp)

- Michael Sandel: Was man für Geld nicht kaufen kann (Ullstein)

- commons-institut.org: Über Gemeingüter, Sorgearbeit und Postwachstum

- UNCTAD Reports: Landgrabbing und Finanzinvestitionen im Globalen Süden

- Ärzteblatt & Bertelsmann Stiftung: Privatisierung im Gesundheitswesen

- netzpolitik.org: Bildungstechnologie, Scoring und Privatisierung im digitalen Raum

Kapitel 5

Der Schattenstaat der Zentralbanken Wie eine ungewählte Macht über Wohlstand und Demokratie entscheidet

„In den Händen einer kleinen, ungewählten Gruppe wird Geldpolitik zur stillen Verfassung einer Gesellschaft."

Jörg-Guido Hülsmann (sinngemäß)

Wenn man heute von Macht spricht, denkt man an Regierungen, an Parlamente, an Präsidenten, an Wahlen. Man denkt an Ministerien, an Medien, an sichtbare Akteure, die sich erklären, rechtfertigen, Verantwortung übernehmen.

Aber während diese Form der Macht im Vordergrund steht, agiert eine andere im Schatten – tief eingebettet in die Strukturen des Finanzsystems, kaum hinterfragt, selten verstanden. Diese Macht heißt: Zentralbank.

Sie gibt das Geld aus, mit dem du jeden Tag lebst. Sie legt fest, was dein Kredit kostet. Sie entscheidet, ob deine

Ersparnisse wachsen oder schrumpfen. Sie lenkt Märkte, beruhigt Investoren, belebt oder drosselt die Wirtschaft. Und sie tut all das, ohne gewählt zu sein. Ohne öffentliche Kontrolle. Ohne echte Rechenschaftspflicht.

Die Zentralbanken der Welt – ob EZB, Fed, Bank of Japan oder Schweizer Nationalbank – sind nicht einfach technische Behörden. Sie sind politische Institutionen mit enormem Einfluss. Ihre Entscheidungen betreffen Millionen Menschen. Doch ihre Sitzungen finden hinter verschlossenen Türen statt.

Ihre Sprache ist verschlüsselt. Ihre Modelle bleiben undurchsichtig. Wer verstehen will, wie moderne Macht funktioniert, muss hier beginnen: bei jenen, die behaupten, unpolitisch zu sein – und doch über das Schicksal ganzer Staaten entscheiden.

Die Geschichte dieser Macht beginnt lange vor der Finanzkrise. Doch mit ihr wurde sie sichtbar. 2008 begannen die Zentralbanken, das System zu retten – mit billigem Geld, mit Anleihekäufen, mit Null- und Negativzinsen. Sie pumpten Billionen in die Märkte, kauften faule Wertpapiere auf, stützten Großbanken, retteten Staaten.

Viele nannten es alternativlos. In Wahrheit war es ein gewaltiger Umbau des Finanzsystems. Ein Transfer von Risiko nach unten – und von Kontrolle nach oben.

Zentralbanken wurden zu Akteuren. Sie griffen direkt in die Wirtschaft ein, beeinflussten Aktienmärkte, Immobilienpreise, Staatsverschuldung. Sie schufen Programme, die ganze Branchen stützten – oder aushungerten. Und sie taten all das in einem Vakuum. Kein Parlament hatte über die Programme abgestimmt. Keine Wähler hatten ihnen ein Mandat gegeben. Die Begründung lautete stets: Preisstabilität. Doch in Wahrheit war es Macht – ausgeübt durch Geld.

Diese Form der Politik ist leise. Sie argumentiert nicht, sie rechnet. Sie entscheidet nicht offen, sondern durch Modelle. Und genau das macht sie so unangreifbar. Wer Zentralbanken kritisiert, gilt schnell als unvernünftig. Als wirtschaftlich ungebildet. Als jemand, der „den Markt nicht versteht".

Aber der Markt, von dem alle sprechen, ist längst eine Konstruktion – geformt durch Zinsen, Liquidität und Leitzinsentscheidungen. Und derjenige, der diese Parameter setzt, steuert das Verhalten aller anderen.

Die Rolle der Zentralbanken hat sich verändert. Sie stehen nicht mehr nur daneben. Sie gestalten mit. Sie kaufen Staatsanleihen und beeinflussen so direkt die Finanzierung von Haushalten. Sie retten systemrelevante Banken und bestimmen damit, welche Geschäftsmodelle überleben.

Sie nehmen Einfluss auf den Immobilienmarkt, auf den Aktienhandel und auf den Kreditfluss. Und sie tun all das unter dem Deckmantel der Technokratie.

Doch Geld ist keine neutrale Größe. Geld ist politisch. Wer es ausgibt, lenkt. Wer es verteilt, entscheidet. Wer den Zins kontrolliert, kontrolliert das Wachstum. Und wer die Inflation verwaltet, verwaltet den Alltag jedes Menschen.

Die Geschichte der Zentralbanken beginnt nicht mit Unabhängigkeit, sondern mit Auftrag. Die ersten Einrichtungen dieser Art – wie die Bank of England (1694), die Schwedische Reichsbank (1668) oder später die Reichsbank in Deutschland – waren ursprünglich Werkzeuge des Staates.

Sie sollten Schulden finanzieren, die Währung stabil halten, Kriege ermöglichen oder beenden helfen. Ihre Aufgabe bestand darin, für den Staat tätig zu sein – als Bank der Regierung, nicht als übergeordnete Autorität.

Diese Rolle war klar. Der Staat entschied, die Bank führte aus. Doch mit der Zeit verschob sich dieses Verhältnis. Nach den großen Kriegen, nach Wirtschaftskrisen und Währungszusammenbrüchen, begann sich eine neue Idee durchzusetzen:

Die Zentralbank als unabhängige Hüterin der Geldwertstabilität. Entkoppelt von politischem Einfluss. Abgeschirmt von populären Forderungen. Gebunden einzig an die Vernunft ökonomischer Modelle.

Diese Vorstellung wurde zum Dogma – und sie prägt bis heute die Strukturen fast aller großen Zentralbanken. Die Unabhängigkeit gilt als heilig. Ihre Begründung ist einfach:

Politiker neigen zur Verschuldung. Sie denken in Wahlzyklen, nicht in wirtschaftlicher Langfristigkeit.

Also brauche es eine Institution, die über den Parteien steht – und sich allein auf Zahlen beruft. Eine Institution, die rational bleibt, wo andere emotional werden. Eine Instanz, die Nein sagt, wenn alle nach Geld rufen.

Doch dieses Idealbild hat Risse. Denn mit der Unabhängigkeit wuchs auch die Entfernung zur Öffentlichkeit. Zentralbanken begannen, eigene Sprachen zu sprechen. Ihre Berichte füllten hunderte Seiten, gespickt mit Formeln, Modellen, Vokabular aus einer Welt, die sich selbst genügt.

Die Öffentlichkeit verstand immer weniger. Und genau in dieser Unverständlichkeit lag die eigentliche Macht: Wer nicht verstanden wird, kann nicht kritisiert werden. Wer nicht gewählt wird, muss sich nicht rechtfertigen. Und wer sich nicht rechtfertigen muss, kann entscheiden ohne Widerspruch.

In Europa wurde diese Entwicklung besonders deutlich mit der Gründung der Europäischen Zentralbank (EZB). Sie besitzt nicht nur Unabhängigkeit – sie steht über den Einzelstaaten. Kein nationaler Gesetzgeber kann ihre Entscheidungen rückgängig machen. Kein Haushalt kann sie zwingen, anders zu handeln.

Und doch bestimmt sie mit jeder Zinsentscheidung über das Leben von Millionen: über Kredite, über

Unternehmensfinanzierung, über Sparguthaben. Ihre Politik wirkt – aber sie wird nicht gewählt.

Diese Konstruktion ist einzigartig. Die EZB ist gleichzeitig Bank, Währungshüterin, Krisenmanagerin und indirekte Finanzierin von Staaten. Und all das, ohne über ein Parlament legitimiert zu sein.

Ihre Macht ergibt sich aus Satzungen, Verträgen, Regularien – nicht aus Zustimmung.

Das gleiche gilt für die Federal Reserve in den USA. Auch sie agiert formal unabhängig, auch sie entscheidet über Billionenprogramme. Doch im Unterschied zur EZB steht sie in einem stärkeren Dialog mit der Politik – zumindest auf dem Papier.

Faktisch aber bleibt die Grundstruktur gleich: Eine kleine Gruppe trifft Entscheidungen, die über Wohlstand, Beschäftigung, wirtschaftliche Perspektiven ganzer Generationen bestimmen.

Und genau hier beginnt die entscheidende Frage: Wie viel Macht darf eine Institution besitzen, die sich selbst zur Neutralität erklärt – obwohl sie tief in politische Prozesse eingreift?

Und was bedeutet Demokratie, wenn zentrale wirtschaftliche Entscheidungen nicht mehr durch Mehrheiten, sondern durch Modelle gesteuert werden?

Im Jahr 2008 zeigte sich die Weltwirtschaft plötzlich von ihrer fragilsten Seite. Banken kollabierten, Hypotheken wurden wertlos, das Vertrauen zwischen Finanzakteuren brach ein.

Was in den USA mit dem Platzen der Subprime-Blase begann, breitete sich innerhalb weniger Monate weltweit aus. Staaten gerieten in Panik, Märkte froren ein, Menschen verloren ihr Erspartes.

Die Krise war tief – und die Antwort kam schnell: Geld. Viel Geld. Bereitgestellt nicht von Parlamenten, sondern von Zentralbanken.

Sie traten auf die Bühne, wie es kaum jemand erwartet hatte: Nicht als neutrale Technokraten, sondern als aktive Gestalter. Die Federal Reserve, die Europäische Zentralbank, die Bank of England – sie alle griffen ein. Massiv. Und mit einem klaren Ziel: das System zu retten.

Dazu senkten sie die Zinsen auf null oder darunter, sie pumpten Liquidität in den Markt, sie kauften Staatsanleihen, Unternehmensanleihen, Hypothekenpapiere. Sie weiteten ihre Bilanzen aus, als gäbe es keine Grenzen. Und sie erklärten: Wir handeln für das Gemeinwohl.

Auf den ersten Blick stimmte das. Ohne dieses Eingreifen wären viele Banken gescheitert, viele Staaten in die Zahlungsunfähigkeit gerutscht, viele Menschen in Arbeitslosigkeit und Armut gestürzt. Die Zentralbanken handelten schnell, entschlossen, wirksam. Sie stabilisierten das System.

Doch bei genauerem Hinsehen wurde deutlich: Diese Rettung war nicht neutral. Sie hatte eine Richtung. Denn gerettet wurden vor allem die, die bereits systemisch wichtig waren – die großen Banken, die großen Unternehmen, die Vermögensbesitzer. Wer Aktien hielt, profitierte von den steigenden Kursen. Wer Immobilien besaß, profitierte vom billigen Geld. Wer Zugang zu Kapital hatte, konnte investieren, aufkaufen, wachsen.

Und wer nichts besaß? Der zahlte die Rechnung. Nicht direkt – sondern durch Nebenwirkungen. Mieten stiegen, weil Immobilien zur Anlageklasse wurden. Löhne stagnierten, weil Unternehmen sich günstiger finanzieren konnten, ohne Menschen besser zu entlohnen. Sparguthaben verloren an Wert, weil Zinsen praktisch abgeschafft wurden.

Und kleine Selbstständige, Mittelständler, Arbeitnehmer – sie alle hatten plötzlich das Gefühl, dass die Regeln nicht mehr für sie galten.

Die Politik begleitete diesen Prozess meist schweigend. Manche dankbar, weil sie selbst handlungsunfähig waren. Andere hilflos, weil sie die Dimension nicht verstanden. Und einige offen begeistert, weil sie in den Zentralbanken einen scheinbar überparteilichen Problemlöser sahen.

Doch die Wahrheit war: Mit jeder Rettungsmaßnahme wuchs der Einfluss dieser Institutionen. Und mit dem Einfluss wuchs die Abhängigkeit. Die Märkte gewöhnten sich an billiges Geld. Die Staaten gewöhnten sich an niedrige Zinsen. Die Investoren rechneten fest mit Unterstützung, sobald es gefährlich wurde. Der Begriff „Moral Hazard" – die Idee, dass riskantes Verhalten belohnt wird, weil man im Notfall gerettet wird – wurde zur neuen Normalität.

Zentralbanken entwickelten sich in dieser Zeit von Wächtern zu Spielern. Sie bestimmten die Regeln nicht nur mit, sie schufen sie. Und wer spielen wollte, musste sich anpassen.

Die Wirtschaft wurde abhängig von ihren Signalen. Börsenkurse reagierten nicht mehr auf reale Gewinne, sondern auf Pressemitteilungen der EZB. Unternehmen planten nicht mehr auf Basis von Marktpreisen, sondern auf Basis erwarteter Zinsschritte. Und Politiker vermieden Entscheidungen, weil sie wussten: Die Zentralbank wird schon eingreifen.

So entstand eine neue Form von Macht. Sie wirkte leise, abstrakt, undurchschaubar. Aber sie war real. Und sie hatte ein Zentrum: Die Zentralbank.

Auf den ersten Blick wirken die Werkzeuge der Zentralbanken technisch, fast unbedeutend. Ein Leitzins wird um 0,25 Prozentpunkte erhöht. Eine Bilanzsumme wird um 80 Milliarden Euro ausgeweitet. Ein Anleihekaufprogramm wird verlängert.

In der öffentlichen Wahrnehmung verschwinden solche Meldungen meist hinter Schlagzeilen über Arbeitsmarkt, Migration oder Energiepreise.

Doch wer genauer hinsieht, erkennt: Diese scheinbar kleinen Schritte sind die entscheidenden Hebel in einem System, das längst von monetärer Steuerung durchzogen ist.

Zentralbanken nutzen ihre Werkzeuge nicht, um sich selbst zu profilieren, sondern um wirtschaftliches Verhalten zu beeinflussen. Und sie tun das in einer Sprache, die nur wenigen zugänglich ist. „Forward Guidance", „Quantitative Easing", „Zielinflation", „Transmissionseffekte" – Begriffe, die analytisch klingen, aber tiefe Auswirkungen auf reales Leben haben.

Das wichtigste Instrument bleibt der Leitzins. Er entscheidet, wie teuer Geld für Geschäftsbanken ist – und damit, wie teuer Kredite für Unternehmen, Haushalte, Staaten werden. Ist der Zins niedrig, fließt Kapital. Investitionen steigen, Konsum wächst, Immobilienpreise klettern.

Ist der Zins hoch, bremst sich das System. Kredite werden teurer, Investitionen riskanter, Konsum gedämpft. Mit wenigen Punkten auf dem Komma kann die Zentralbank also Wachstum anschieben – oder bremsen.

Ein weiteres zentrales Werkzeug ist das sogenannte „Quantitative Easing" (QE) – auf Deutsch: quantitative Lockerung. Dabei kauft die Zentralbank in großem Stil Staatsanleihen oder Unternehmensanleihen auf.

Sie bringt so neues Geld in Umlauf und senkt gleichzeitig die Rendite dieser Papiere. Ziel: Die Finanzierungskosten für Staaten und Unternehmen sollen sinken. Die Märkte sollen stabilisiert werden.

Aber dieser Eingriff verändert mehr: Er verschiebt die Bewertungen von Vermögenswerten, begünstigt bestimmte Sektoren, lässt Aktien- und Immobilienpreise steigen – und sorgt dafür, dass sich Investoren auf die Zentralbank verlassen wie auf einen stillen Verbündeten.

Neuere Instrumente greifen noch tiefer: Langfristige Refinanzierungsgeschäfte (wie die TLTROs der EZB), gezielte Kreditvergabe an Geschäftsbanken, negative Einlagezinsen, bilanzielle Stresstests, Guidance-Modelle für mittelfristige Zinserwartungen.

Jedes dieser Werkzeuge folgt einer eigenen Logik – und alle zusammen erzeugen eine Struktur, in der wirtschaftliches Verhalten vor allem eines ist: gelenkt.

Dabei betonen Zentralbanken immer wieder ihre politische Neutralität. Sie sagen, sie handeln im Rahmen ihres Mandats – das lautet meist: Preisstabilität. Doch dieser Rahmen ist dehnbar. Was „Stabilität" bedeutet, lässt sich interpretieren.

Ob eine Inflationsrate von 2,0 Prozent gefährlich ist oder akzeptabel, entscheidet keine Volksabstimmung, sondern ein Rat von Expertinnen und Experten – oft ohne parlamentarische Kontrolle.

Noch bedeutender: Die Werkzeuge selbst erzeugen politische Wirkungen. Wenn die EZB Anleihen von Staatskonzernen kauft, beeinflusst sie staatliches Handeln.

Wenn sie große Finanzhäuser stützt, verstärkt sie deren Position. Wenn sie auf Krisen mit neuen Kreditprogrammen reagiert, entscheidet sie faktisch über Gewinner und Verlierer. Und doch wird diese Macht selten als solche benannt. Sie versteckt sich in Formeln, Modellen, Projektionen.

Zentralbanken argumentieren mit ökonomischer Vernunft. Doch diese Vernunft hat ein Fundament: Sie basiert auf Theorien, Annahmen, Erwartungen. Sie ist keine Naturwissenschaft. Sie ist politisch – auch wenn sie sich als objektiv präsentiert.

Und genau in dieser Differenz liegt die eigentliche Herausforderung: Wer Macht ausübt, ohne sich als Machthaber zu verstehen, entzieht sich jeder Kontrolle.

Die Vorstellung, Geldpolitik sei neutral, hält sich hartnäckig. Zentralbanken selbst bekräftigen sie immer wieder: Sie erklärten, ihr Auftrag gelte der Preisstabilität – nicht der sozialen Gerechtigkeit. Sie handeln im Sinne des

„Allgemeinwohls", aber nicht im Auftrag von Wählerinnen und Wählern.

Sie orientieren sich an Modellen – nicht an Lebensrealitäten. Doch genau hier liegt der blinde Fleck. Denn jede geldpolitische Entscheidung hat soziale Folgen. Und oft sind es nicht die gut Vernetzten, sondern die Verletzlichsten, die diese Folgen zuerst spüren.

Als die Zinsen über viele Jahre künstlich niedrig gehalten wurden, stiegen Vermögenswerte stark im Wert. Immobilien, Aktien, Unternehmensbeteiligungen – alles, was Eigentum war, wurde teurer. Wer investiert war, profitierte. Wer nichts besaß, sah dabei zu. Die Folge war eine Vermögenskonzentration, wie man sie seit der Zwischenkriegszeit nicht mehr kannte.

Ein Prozent der Haushalte vergrößerten ihr Vermögen exponentiell. Der Rest hielt Schritt – oder fiel zurück.

Diese Dynamik ist kein Nebeneffekt. Sie ist direkte Folge der Zentralbankpolitik. Denn das billige Geld floss nicht gleichmäßig in alle Taschen. Es ging in die Märkte. In Spekulation. In Assetpreise. Und dort war es vor allem für jene zugänglich, die bereits über Sicherheit verfügten. Wer keine Rücklagen hatte, konnte nicht profitieren.

Wer zur Miete wohnte, zahlte plötzlich mehr. Wer mit Erspartem hoffte, für das Alter vorzusorgen, wurde enteignet – nicht durch Diebstahl, sondern durch Nullzinsen.

Soziale Mobilität geriet ins Stocken. Junge Menschen verschuldeten sich, um Eigentum zu erwerben. Alte Menschen sahen ihre Lebensersparnisse entwertet. Und dazwischen entstand eine Generation, die alles tat, um ökonomisch mitzuhalten – mit ETFs, Kryptowährungen, Nebenjobs.

Doch was wie Eigenverantwortung aussieht, ist in Wahrheit Reaktion auf ein System, das die Spielregeln verändert hat – ohne es zuzugeben.

Zentralbanken haben diese Entwicklung nie als ihr Problem betrachtet. Sie verweisen auf Regierungen, auf Sozialsysteme, auf Umverteilung durch Steuern. Doch diese Argumente greifen zu kurz. Denn wenn eine Institution Billionen verteilt – über Anleihekaufprogramme, über Refinanzierungsoptionen, über geldpolitische Signale –, dann übt sie Gestaltung aus.

Und Gestaltung ohne Kontrolle wird zur Gefahr für die Demokratie.

Denn mit wachsender Ungleichheit wächst das Misstrauen. Menschen erleben, dass ihre Lebensleistung entwertet wird, während Spekulation belohnt wird. Sie spüren, dass politische Entscheidungen folgenlos bleiben, solange die Zentralbank gegensteuert.

Und sie ziehen daraus einen Schluss: Das System ist nicht mehr für sie da.

Dieses Gefühl führt nicht nur zu Frust. Es führt zu Entfremdung. Wer sich nicht mehr repräsentiert fühlt, zieht sich zurück – oder radikalisiert sich. Er glaubt nicht mehr an demokratische Prozesse. Er zweifelt an Gerechtigkeit. Er vermutet Macht im Verborgenen.

Genau hier liegt die große politische Gefahr eines entkoppelten Finanzsystems: Es unterhöhlt die demokratische Legitimität, ohne offen dagegen zu verstoßen.

Dabei ginge es auch anders. Eine Zentralbank könnte anerkennen, dass Geldpolitik soziale Wirkung hat. Sie könnte Transparenz schaffen, Debatten öffnen, Alternativen zulassen.

Sie könnte sagen: Unsere Entscheidungen betreffen alle – also müssen wir sie allen erklären. Doch dieser Schritt verlangt Mut und Demut. Zwei Eigenschaften, die in der Welt der Zentralbanken bisher sehr selten zu finden sind.

—

📑 Quellen und weiterführende Hinweise:

- Bank für Internationalen Zahlungsausgleich (BIZ): „Central bank digital currencies: foundational principles and core features" (2020)

- Europäische Zentralbank (EZB): „Report on a digital euro" (2020)

- Deutsche Bundesbank: „Digitale Zentralbankwährungen – eine konzeptionelle Analyse" (2021)

- International Monetary Fund (IMF): „The Rise of Public and Private Digital Money" (2020)

Kapitel 6

Der Mythos der Inflation
Wie Staaten und Zentralbanken
Kaufkraft zerstören – und warum das
kein Unfall ist, sondern System.

"Inflation ist eine heimliche Steuer, die nur wenige verstehen."

Milton Friedman

In früheren Jahrzehnten galt Inflation als ein vorübergehendes Phänomen, das aus Kriegen, Versorgungsengpässen oder kurzfristigen wirtschaftlichen Turbulenzen resultierte. Sie erschien als Ausnahme, nicht als Dauerzustand. Aber dieser Blick hat sich verschoben.

Heute erleben Menschen in vielen Ländern eine schleichende, aber stetige Entwertung ihrer Kaufkraft – Jahr für Jahr, über Jahrzehnte hinweg. Dieses Muster trägt Systemcharakter.

Die Vorstellung, dass stabile Preise eine politische Priorität darstellen, wurde durch eine Praxis ersetzt, in der leichtes Geld und expansive Geldpolitik zum Alltagsinstrument wurden. Zentralbanken schaffen enorme Mengen neuen Geldes, um Konjunktur zu stützen, Schulden zu finanzieren oder Finanzmärkte zu beruhigen. Diese Geldflut erreicht die Realwirtschaft oft verzögert – aber sie wirkt. Sie erhöht langfristig das Preisniveau, verschiebt Investitionsanreize und entwertet Einkommen, Ersparnisse und Löhne.

Diese Entwertung geschieht nicht offen, sondern in kleinen Schritten. Sie ruft kaum unmittelbare Empörung hervor, weil die Menschen sich daran gewöhnt haben. Ein Euro hat in zwanzig Jahren spürbar an Kaufkraft verloren. Was früher als Sonderfall verstanden wurde, erscheint heute als Normalzustand – eine stille, kontinuierliche Abwertung des Geldes.

Dabei zeigt sich, dass Inflation nicht nur eine wirtschaftliche Größe ist, sondern ein gesellschaftliches Werkzeug: Sie verändert Besitzverhältnisse, sie verschiebt Lasten, sie formt politische Spielräume.

Die politische Kommunikation begleitet diesen Prozess mit beruhigenden Formeln: Inflation werde kontrolliert, sei unter Kontrolle, diene der Stabilität. Diese Sprache wirkt beschwichtigend – und genau darin liegt ihre Wirksamkeit.

Wer den Eindruck vermittelt, dass alles unter Kontrolle sei, nimmt den Menschen das Bedürfnis, sich zu schützen. Aufklärung wird ersetzt durch Verwaltung. Aber wirtschaftliche Realität lässt sich auf Dauer nicht durch Worte gestalten.

Die große Zahlentrickserei: Warum offizielle Inflationsraten kaum die Lebenswirklichkeit abbilden

Statistiken suggerieren Objektivität. Doch die Art und Weise, wie Inflation offiziell berechnet wird, verdeckt mehr, als sie offenbart. Verbraucherpreisindizes wie der harmonisierte Verbraucherpreisindex (HVPI) oder der Warenkorb des Statistischen Bundesamtes beruhen auf Durchschnittswerten, auf Modellen, auf Annahmen.

Sie vermitteln den Eindruck, als könne man Inflation auf eine einzige, präzise Zahl reduzieren. Doch der Alltag vieler Menschen passt nicht in diesen Mittelwert.

Der sogenannte Warenkorb, der zur Inflationsberechnung herangezogen wird, enthält Produkte und Dienstleistungen, deren Gewichtung sich regelmäßig verändert. Wenn etwa Mietkosten zu stark steigen, wird ihr Anteil am Warenkorb reduziert – so bleibt die Gesamtinflation rechnerisch im Rahmen.

Diese Praxis folgt einer methodischen Logik, doch sie entzieht sich der Erfahrung der meisten Haushalte. Wer Miete bezahlt, Heizöl kauft oder Lebensmittel einkauft, erlebt Preissteigerungen, die weit über den offiziellen Zahlen liegen.

Auch technologische Entwicklungen verzerren die Berechnung. Wenn ein neues Smartphone leistungsstärker ist als sein Vorgängermodell, fließt dieser Qualitätszuwachs als Preisreduktion in die Statistik ein – selbst wenn das

Gerät real teurer geworden ist. Diese sogenannte hedonische Preisbereinigung verleiht der Statistik eine scheinbare Präzision. Doch sie entfernt sich vom Alltag der Konsumenten. Denn diese zahlen den vollen Preis – unabhängig davon, wie „intelligent" ihr Kühlschrank inzwischen geworden ist.

Hinzu kommt, dass bestimmte Bereiche des Lebens vollständig ausgeklammert bleiben. Vermögenspreise, etwa für Immobilien oder Aktien, erscheinen nicht in der Verbraucherpreisinflation. Auch die Gebühren für private Altersvorsorge, Gesundheitsversorgung oder Bildungseinrichtungen fließen nur eingeschränkt ein.

Diese Lücken machen die Statistik blind gegenüber den Lebensrealitäten vieler Menschen – insbesondere jener, die keine Eigentümer, sondern Nutzer sind.

Diese systematische Verzerrung hat Folgen. Sie entzieht der öffentlichen Debatte eine gemeinsame Grundlage. Wenn Statistiken sagen, alles sei in Ordnung, aber Kühlschrank, Miete und Kita-Beitrag das Gegenteil zeigen, entsteht ein Vertrauensbruch. Menschen erleben, dass ihre Erfahrung nicht zählt – weil sie statistisch nicht vorgesehen ist. Diese Kluft untergräbt nicht nur das Vertrauen in Zahlen, sondern in die Institutionen, die sie veröffentlichen.

Inflation betrifft nicht nur Zahlenreihen. Sie verändert Alltag, Entscheidungen und Lebensqualität. Eine ehrliche Auseinandersetzung mit diesem Phänomen beginnt mit der

Anerkennung dieser Realität. Im nächsten Abschnitt (6.3) betrachten wir, wie Inflation nicht nur Kaufkraft schmälert, sondern gezielt Vermögen umverteilt – und was das für eine Gesellschaft bedeutet, die sich Gerechtigkeit auf die Fahnen schreibt.

Sparen verboten: Warum Inflation gezielt Vermögen umverteilt

Über Generationen hinweg galt Sparen als Tugend. Es symbolisierte Weitsicht, Verantwortungsbewusstsein und den Wunsch, sich eine sichere Zukunft aufzubauen. Kinder lernten früh, Geld in Sparschweine zu stecken, Erwachsene bildeten Rücklagen für Haus, Alter oder Ausbildung.

Doch diese Kultur des Sparens steht zunehmend unter Druck – und zwar nicht zufällig. Sie kollidiert mit einem System, das vom Konsum lebt und von Schulden zehrt.

Wenn Geld Jahr für Jahr an Kaufkraft verliert, wird Sparen zur Falle. Menschen, die ihr Geld auf Konten lagern oder in klassische Sparprodukte investieren, erleben, dass ihr Vermögen schmilzt. Die Zinsen auf Erspartes decken nicht mal den Wertverlust durch Preissteigerungen.

Sparer leisten stillen Verzicht, während Schuldner von sinkenden Realwerten profitieren. Diese Dynamik hat tiefgreifende Auswirkungen auf die gesellschaftliche Balance.

Inflation wirkt wie eine Umverteilungsmaschine. Sie entzieht der Mitte Kaufkraft und verschiebt sie hin zu jenen, die in Sachwerten, Finanzanlagen oder Schuldenstrategien agieren. Wer Zugang zu Immobilien, Aktien oder unternehmerischen Beteiligungen hat, schützt sein Vermögen – und profitiert von steigenden Preisen. Wer in Miete lebt, Löhne bezieht oder spart, trägt die Last.

Diese Entwicklung verläuft schleichend, aber systematisch. Sie verändert Besitzverhältnisse – ohne dass eine demokratische Entscheidung darüber stattgefunden hätte.

Auch Staaten profitieren. Ihre Schulden verlieren real an Gewicht. Kreditfinanzierte Ausgaben erscheinen tragbarer. Die Kosten der Entwertung tragen jedoch andere: Rentner, Angestellte, Familien. Ihre Ersparnisse werden weniger wert, ihre Vorsorge wird entwertet.

Das Vertrauen, dass Leistung zu Sicherheit führt, erodiert. Diese Erosion geschieht im Stillen – begleitet von politischen Beteuerungen, dass alles stabil sei.

Die Zinsen spielen dabei eine Schlüsselrolle. Zentralbanken halten sie seit Jahren künstlich niedrig. Diese Politik wirkt wie ein Zwang zur Anlage. Wer Vermögen erhalten will, muss es investieren – in Märkte, die Schwankungen unterliegen, in Produkte, die Beratung erfordern, in Risiken, die nicht jeder tragen kann.

Damit wird Vermögen zunehmend zum Spielfeld der Finanzkundigen. Sparen verliert seine Unschuld – und wird zum Spekulationszwang.

Diese Entwicklung verändert das gesellschaftliche Klima. Menschen erleben, dass ihr Einsatz an Wert verliert. Sie sehen, wie andere profitieren – nicht durch Arbeit, sondern durch Kapital. Dieses Gefühl von Ungleichheit prägt politische Einstellungen, es fördert Misstrauen, es schwächt das Gefühl der Zugehörigkeit.

Eine Gesellschaft, die Sparen bestraft und Schulden belohnt, sendet Signale. Diese Signale wirken.

Die Strategie der Schuld: Warum Inflation den Staat entlastet

Öffentliche Haushalte tragen eine enorme Last. Sozialausgaben, Infrastruktur, Verteidigung, Gesundheitsversorgung – all diese Bereiche verlangen finanzielle Mittel. Viele Staaten haben sich daher auf ein einfaches Prinzip verlassen: Verschuldung. Über Jahre hinweg wuchs die öffentliche Hand über ihre Einnahmen hinaus.

Die Lücke wurde durch Anleihen, durch Kreditaufnahmen, durch Finanzmärkte geschlossen. Diese Praxis blieb lange tragfähig, weil Zinsen sanken und die Wirtschaft wuchs. Doch mit wachsender Schuldenlast stieg auch die Abhängigkeit von einem stabilen Narrativ: Inflation als Mittel zur Entwertung.

Inflation reduziert den realen Wert bestehender Schulden. Staaten, die nominal feste Verbindlichkeiten eingegangen sind, profitieren von einem Umfeld, in dem Geld weniger wert ist. Ihre Rückzahlungen verlieren an Schwere, weil die Geldbasis wächst. Die Tilgung erscheint leichter, weil die künftige Leistung in entwerteter Währung erfolgt. Diese Dynamik wirkt wie ein stiller Schuldenschnitt – ohne politisches Verfahren, ohne parlamentarische Entscheidung. Sie geschieht automatisch, berechenbar, systematisch.

Gleichzeitig steigt die Steuerlast auf inflationsbedingt höhere Einkommen. Steuerprogression wirkt als zusätzlicher Hebel: Wenn Löhne steigen, weil Preise steigen, rutschen Menschen in höhere Steuerklassen – obwohl ihre reale Kaufkraft kaum wächst.

Diese sogenannte kalte Progression füllt die Staatskassen, ohne dass neue Gesetze erlassen werden müssen. Sie wirkt effizient, unsichtbar und kontinuierlich. Für den Staat ergibt sich eine doppelte Entlastung: geringere Schuldenlast und höhere Einnahmen.

Zentralbanken tragen ihren Teil zu dieser Strategie bei. Mit expansiver Geldpolitik, mit Anleihekäufen und Zinslenkung sichern sie ein Umfeld, in dem Inflation ermöglicht und gleichzeitig verwaltet wird.

Diese Praxis entzieht sich oft der öffentlichen Kontrolle. Sie wird nicht demokratisch legitimiert, sondern als technische Notwendigkeit vermittelt. Doch sie verändert die Spielregeln: Staaten finanzieren sich durch schleichende Entwertung, nicht durch transparente Besteuerung.

Diese Form der Finanzierung verschiebt Verantwortung. Sie verlagert die Lasten auf kommende Generationen, auf Sparer, auf Menschen mit festen Einkommen. Sie stellt Gerechtigkeit in Frage.

Denn nicht politische Debatten, sondern geldpolitische Maßnahmen entscheiden über Verteilung. Eine solche Dynamik entzieht sich dem klassischen Bild parlamentarischer Kontrolle. Sie wirkt im Hintergrund – und gerade darin liegt ihre Macht.

Wenn Staaten darauf angewiesen sind, Inflation zu erzeugen, wird Preisstabilität zum Lippenbekenntnis. Dann dient Geldpolitik nicht mehr der Absicherung von Werten, sondern der Aufrechterhaltung eines schuldenbasierten Systems. Dieses System erscheint stabil – solange Vertrauen besteht.

Aber dieses Vertrauen hängt an einem dünnen Faden: der Glaubwürdigkeit der Institutionen. Wenn Menschen erkennen, dass ihre Kaufkraft stetig schwindet, während Staat und Märkte profitieren, stellen sie Fragen. Diese Fragen markieren den Beginn einer neuen Debatte.

Die Rückkehr der Ehrlichkeit: Was echter Werterhalt bedeutet

Werterhalt verlangt Transparenz, Maß und Verlässlichkeit. Er verlangt einen Umgang mit Geld, der auf Stabilität und Verantwortung gründet. In Zeiten, in denen Vermögen über Nacht an Wert verlieren können, gewinnt eine Tugend neue Bedeutung: Ehrlichkeit. Ehrlich in der Bewertung dessen, was Geld noch bedeutet. Ehrlich im Blick auf die Verantwortung, die Politik und Gesellschaft für die Stabilität des Geldwesens tragen.

Die Rückkehr zur Ehrlichkeit beginnt mit der Frage nach Substanz. Geld, das sich nicht an Leistung, an Wertschöpfung, an realwirtschaftlicher Entwicklung orientiert, verliert seine Bindung an das, was die Menschen erarbeiten. Wenn Geldmengen wachsen, ohne dass die zugrunde liegenden Werte wachsen, entstehen Spannungen.

Diese Spannungen entladen sich in Preisen – und in Misstrauen. Vertrauen aber ist die Währung jeder stabilen Ordnung.

Echter Werterhalt entsteht dort, wo Vermögen nicht durch Zahlen auf Bildschirmen, sondern durch reale Leistungen gedeckt wird. Unternehmen, die produzieren. Häuser, die Menschen bewohnen. Boden, der ernährt. Bildung, die befähigt. Beziehungen, die tragen. In all diesen Bereichen liegt echte Wertschöpfung – nicht im schnellen Handel, nicht in synthetischen Derivaten, nicht im kurzfristigen Gewinn.

Der Maßstab wandelt sich: von Rendite zu Nachhaltigkeit, von Masse zu Substanz.

Eine Gesellschaft, die Werterhalt ernst nimmt, schützt die Grundlagen dieses Erhalts: Bildung, Eigentum, Rechtssicherheit. Sie ermöglicht es ihren Bürgern, langfristig zu denken und zu handeln. Sie fördert Souveränität, nicht Abhängigkeit. Sie schafft Raum für Investitionen, die nicht von Spekulation, sondern von Nutzen getragen werden. Diese Haltung beginnt nicht im Finanzministerium. Sie beginnt im Alltag, in Familien, in Betrieben, in der Art, wie Menschen ihre Zukunft planen.

Auch Geldpolitik braucht eine Rückkehr zur Ehrlichkeit. Ihre Aufgabe besteht nicht im Verwalten von Erwartungen, sondern im Erhalt der Stabilität. Wenn Zentralbanken wieder unabhängiger agieren, wenn sie Preisstabilität als Ziel verstehen – nicht als Kommunikationsstrategie –, kann neues Vertrauen entstehen.

Dieses Vertrauen gründet nicht auf Versprechen, sondern auf Ergebnissen. Auf Geld, das seinen Wert bewahrt. Auf Institutionen, die rechenschaftspflichtig bleiben.

Werterhalt verlangt Konsequenz. Er verlangt politische Entscheidungen, die nicht kurzfristig beliebt, sondern langfristig tragfähig sind. Er verlangt einen öffentlichen Diskurs, der nicht von Angst, sondern von Klarheit geprägt ist.

Diese Klarheit beginnt mit Bildung: Finanzielle Grundbildung, ökonomische Zusammenhänge, die Fähigkeit, eigene Entscheidungen zu treffen. Wer versteht, kann gestalten.

Die Rückkehr zur Ehrlichkeit bedeutet nicht Verzicht. Sie bedeutet Selbstachtung. Wer Wert schafft, will, dass dieser

Wert bleibt. Wer spart, will, dass das Ersparte etwas bedeutet. Diese Sehnsucht nach Beständigkeit ist keine Schwäche, sondern ein Ausdruck von Reife. Sie verdient politische, gesellschaftliche und wirtschaftliche Anerkennung.

Am Ende steht eine einfache Wahrheit: Geld dient dem Menschen – nicht umgekehrt. Diese Haltung schafft Orientierung. Sie kann Grundlage sein für ein neues Geldbewusstsein, das Freiheit schützt, Zukunft gestaltet und Vertrauen verdient.

—

📄 Quellen und weiterführende Hinweise:

- Deutsche Bundesbank: „Bargeld und unbarer Zahlungsverkehr in Deutschland" (2020)

- EZB: „The use of cash by households in the euro area" (2020)

- European Payments Council: „SEPA Instant Credit Transfer" (2021)

- Bundesministerium der Finanzen: „Zukunft des Bargelds" (2021)

Kapitel 7

Bitcoin vs. Krypto – Die große Täuschung

Warum Bitcoin nicht Teil der Krypto-Industrie ist – und die einzige echte Geldrevolution darstellt

"Bitcoin trennt Geld von Staat – so wie die Aufklärung

Die Ursprungslegende: Bitcoin als Antwort auf die Finanzkrise

Die Geburtsstunde von Bitcoin fällt in einen Moment globaler Erschütterung. Als 2008 die Finanzwelt ins Wanken geriet, Banken zusammenbrachen, Notenbanken Geld in nie dagewesenem Ausmaß schufen und Vertrauen in Institutionen erschüttert wurde, veröffentlichte ein anonymer Entwickler mit dem Pseudonym Satoshi Nakamoto ein neunseitiges Whitepaper.

Der Titel lautete: „Bitcoin: A Peer-to-Peer Electronic Cash System". Dieser Text skizzierte mehr als eine technische Innovation. Er war ein Aufbruch – eine stille, radikale Antwort auf die strukturellen Fehlanreize im bestehenden Geldsystem.

Die erste Bitcoin-Transaktion, in einem Block festgehalten, trug einen eingebetteten Zeitungsartikel der „Times" vom 3. Januar 2009: „Chancellor on brink of second bailout for banks". Diese Notiz war kein Zufall. Sie markierte eine historische Zäsur.

Denn Bitcoin stellte eine Idee in den Raum, die bis dahin undenkbar schien: Geld, das nicht von Staaten ausgegeben wird. Ein digitales Gut, das keiner zentralen Kontrolle unterliegt. Ein System, das niemand einfrieren, manipulieren oder verbieten kann. Bitcoin schuf ein neues Narrativ – eines von Selbstermächtigung, von mathematischem Vertrauen, von Unabhängigkeit durch Code.

Diese Idee sprach Menschen an, die den Glauben an das Versprechen zentraler Institutionen verloren hatten. Cypherpunks, Technik-Enthusiasten, Ökonomen, Dissidenten – sie fanden sich in einem Netzwerk zusammen, das auf freiwilliger Basis funktionierte.

Es gab keine Firma, keine zentrale Organisation, kein Marketing. Nur einen Quellcode, eine Vision – und ein Protokoll, das für alle galt.

Bitcoin entstand nicht aus einem kommerziellen Kalkül, sondern aus einem Bedürfnis nach Wahrheit. Der Code ist öffentlich einsehbar, die Regeln transparent, die Geldmenge auf 21 Millionen begrenzt. Kein Mensch kann diese Regeln willkürlich ändern. Es braucht Konsens.

Dieses Prinzip steht im völligen Gegensatz zu klassischen Währungen, deren Menge durch politische Beschlüsse wächst. Bitcoin wurde so zum Experiment einer freien Gesellschaft – in Form von freiem, unveränderbarem, digitalen Geld.

Das Unikat: Warum Bitcoin technisch, ökonomisch und ideologisch einzigartig ist

Bitcoin unterscheidet sich von allem, was zuvor als Geld verstanden wurde. Diese Einzigartigkeit zeigt sich auf mehreren Ebenen – in der Technologie, im ökonomischen Modell und in der zugrundeliegenden Idee von Machtverteilung.

Technologisch beruht Bitcoin auf der Blockchain – einer dezentralen, transparenten Datenstruktur, die jede Transaktion unwiderruflich dokumentiert. Jeder Block enthält die Geschichte seiner Vorgänger.

Diese Verkettung erzeugt ein System, das Fälschung ausschließt. Es genügt keine zentrale Instanz, die Vertrauen garantieren muss. Das System selbst erzeugt Vertrauen – durch mathematische Unbestechlichkeit, durch dezentrale Kontrolle, durch globale Verfügbarkeit.

Jeder kann einen Bitcoin-Knoten betreiben, die Regeln überprüfen, das Netzwerk mit sichern. Diese Offenheit schafft Fairness.

Ökonomisch zeichnet sich Bitcoin durch absolute Knappheit aus. Die maximale Geldmenge ist auf 21

Millionen Bitcoin begrenzt. Dieses Merkmal bildet ein radikales Gegenstück zu inflationären Fiat-Währungen. Keine Zentralbank, kein Parlament, keine Lobbygruppe kann diese Menge erhöhen.

Die Schöpfung neuer Einheiten erfolgt durch das sogenannte Mining – ein Prozess, bei dem Rechner komplexe Aufgaben lösen, um neue Blöcke zu erzeugen. Dieser Vorgang wird mit neu geschaffenen Bitcoin belohnt, wobei die Belohnung alle vier Jahre halbiert wird. Dieser Mechanismus – das sogenannte "Halving" – sorgt für eine stetige Verknappung.

Mit zunehmender Zeit wächst damit die Seltenheit jedes einzelnen Bitcoin.

Ideologisch steht Bitcoin für die Entkopplung von Geld und politischer Macht. In einer Welt, in der Staaten Geldpolitik für wirtschaftliche oder geopolitische Zwecke instrumentalisieren, bietet Bitcoin eine Alternative. Diese Alternative beruht auf Regeln, nicht auf Ermessensentscheidungen.

Auf Mathematik, nicht auf Ideologie. Auf Konsens, nicht auf Anweisung. In dieser Struktur liegt eine neue Form von Souveränität – individuell wie kollektiv.

Diese Souveränität wird durch Eigentum definiert. Wer Bitcoin hält, besitzt einen privaten Schlüssel – eine digitale Signatur, die den Zugriff auf das eigene Guthaben ermöglicht. Niemand kann diesen Zugriff sperren, beschlagnahmen oder verweigern. In einer Zeit, in der Konten eingefroren, Überweisungen blockiert oder Vermögen konfisziert werden, bietet Bitcoin ein digitales Asyl. Es schützt Eigentum über Grenzen hinweg. Es macht Geld mobil, tragbar, widerstandsfähig.

Diese Eigenschaften machen Bitcoin zu einem Werkzeug für die Freiheit. Nicht für Spekulation, nicht für technologische Spielerei, sondern für strukturellen Wandel. In Ländern mit Kapitalverkehrskontrollen, in autoritären Regimen, in Krisengebieten zeigt sich der wahre Wert dieser Währung.

Menschen nutzen Bitcoin, um Werte zu retten, um Familien zu unterstützen, um Handlungsspielräume zurückzugewinnen. Dieses Verhalten ist nicht theoretisch – es ist gelebte Realität.

Die große Verwechslung: Wie „Krypto" Bitcoin diskreditiert

Das Wort „Krypto" hat sich in den letzten Jahren als Sammelbegriff etabliert. Es umfasst Bitcoin ebenso wie tausende andere Token, Coins, Plattformen und Projekte. Diese sprachliche Gleichsetzung erzeugt ein Bild, das aber irreführt.

Denn Bitcoin steht für etwas völlig anderes als der überwiegende Teil dieser sogenannten Krypto-Welt. Wer beide Phänomene in einen Topf wirft, übersieht die fundamentalen Unterschiede – in Technologie, Zielsetzung, Struktur und Ethik.

Der Begriff „Krypto" suggeriert Vielfalt, Innovation, Dynamik. Er weckt Assoziationen an technologischen Fortschritt, an neue Finanzprodukte, an digitale Effizienz. Doch diese Versprechungen verdecken oft den Mangel an Substanz. Viele dieser Projekte gründen auf zentralisierten Strukturen, auf spekulativen Interessen, auf kurzfristigem Gewinnstreben.

Sie entstehen in Gründerteams, mit Businessplänen, Risikokapital und Exitstrategien. Ihr Fokus liegt auf Wachstum, nicht auf Stabilität. Auf Kontrolle, nicht auf Dezentralität. Auf Branding, nicht auf Prinzipien.

Bitcoin verfolgt keinen dieser Wege. Es kennt keine Führung, kein Marketing und keine Wachstumsstrategie. Seine Entstehung war ideell, seine Struktur ist offen, seine Regeln sind fest.

Der Versuch, Bitcoin mit Krypto gleichzusetzen, gleicht dem Versuch, freies Wissen mit Werbeplattformen gleichzustellen – beides findet im Netz statt, doch die Grundlage unterscheidet sich grundlegend.

Diese Verwechslung dient Interessen. Investoren, Börsen und Influencer profitieren davon, wenn alles „Krypto" heißt. Denn dann lässt sich jedes neue Projekt in die Nähe von Bitcoin rücken.

Diese Nähe verleiht Seriosität, sie weckt Vertrauen, sie erzeugt Aufmerksamkeit. Doch dieses Vertrauen wird instrumentalisiert. Die Geschichte von Bitcoin wird genutzt, um eigene Produkte zu vermarkten – obwohl sie anderen Prinzipien folgen.

Diese Strategie zeigt Wirkung. Viele Menschen glauben heute, Bitcoin sei nur der erste unter vielen. Ein Pionier, der späteren Innovationen den Weg bereitete. Doch diese Sicht verkennt, dass Bitcoin nicht ein Beispiel ist, sondern eine Ausnahme.

Nicht der Beginn einer Branche, sondern die Entstehung eines neuen Verständnisses von Geld. Bitcoin ist kein Teil der Krypto-Industrie. Es ist ihr Kontrast.

Diese Verwechslung hat Konsequenzen. Sie führt zu Enttäuschungen, zu Verlusten, zu Misstrauen. Menschen investieren in Token, weil sie an die Vision von Bitcoin glauben. Sie verlieren Geld, weil sie System und Spekulation verwechseln. Sie wenden sich ab, weil sie manipuliert wurden.

In dieser Spirale verliert die Idee von echtem, freiem, dezentralem Geld ihre Strahlkraft – nicht, weil sie gescheitert wäre, sondern weil sie ganz bewusst verwässert bzw. Verfälscht wurde.

Krypto als neue Wall Street: Von Dezentralität zur Blase

Die ersten Jahre nach dem Start von Bitcoin waren geprägt von Idealen: Dezentralisierung, Selbstbestimmung,

Transparenz, Fairness. Menschen wollten ein alternatives System aufbauen – eines, das nicht auf Macht und Hierarchie, sondern auf Gleichheit und Teilhabe beruhte. Diese Haltung prägte auch die Anfänge weiterer Blockchain-Projekte.

Aber mit wachsendem Interesse verschob sich die Dynamik. Neue Projekte entstanden nicht mehr aus Überzeugung, sondern aus Kalkül. Die Vision von Dezentralität wich dem Ziel von Rendite.

Was sich unter dem Etikett „Krypto" entwickelte, erinnert zunehmend an die Logik der klassischen Finanzwelt – nur schneller, unregulierter und digitaler. Token wurden geschaffen, bewertet, gehandelt wie Aktien. Märkte explodierten in kurzer Zeit. Projekte sammelten in Initial Coin Offerings (ICOs) Millionenbeträge ein. Plattformen versprachen Gewinne, automatisierte Erträge, unaufhaltsames Wachstum. Diese Euphorie schuf eine neue Wall Street – digital, global, von wenigen dominiert.

Hinter dem Schlagwort der Dezentralität verbergen sich oft zentrale Strukturen. Entwicklerteams behalten Kontrolle über Updates, Tokenverteilung, Governance-Entscheidungen. Investoren sichern sich große Anteile im Vorverkauf. Netzwerke laufen auf wenigen Servern, Plattformen folgen Unternehmenslogiken.

Die Oberfläche zeigt Offenheit – das Fundament stützt sich auf Machtkonzentration.

Dieser Widerspruch bleibt oft unerkannt. Menschen vertrauen dem Etikett „Blockchain" und erwarten Unveränderlichkeit, Offenheit, Teilhabe. Doch viele Krypto-Projekte nutzen diese Erwartung, um eigene Interessen zu fördern. Das Narrativ wird zum Marketinginstrument.

Der Glaube an Technik ersetzt die Prüfung von Strukturen. Projekte werben mit Revolution, bieten aber Replikation – eine Wiederholung des Alten im neuen Gewand.

Die Folgen zeigen sich in wiederkehrenden Krisen: Blasen, Betrug, Insolvenzen. Wenn Plattformen zusammenbrechen, verlieren Menschen ihr Geld. Wenn Token abstürzen, verpufft Vertrauen. Diese Dynamik ähnelt der von Bankenkrisen – doch sie geschieht schneller, globaler, oft ohne rechtliche Konsequenzen.

Die „Krypto-Wall Street" kennt keine Einlagensicherung, keine Transparenzpflicht, keine institutionelle Haftung. Verluste tragen die Nutzer.

In dieser Welt erscheinen zentrale Akteure als neue Könige. Börsen wie Binance oder Coinbase entscheiden, welche Token gelistet werden. Influencer prägen Meinungen, Algorithmen lenken Ströme, Venture-Capital-Firmen kontrollieren Ökosysteme. Diese Machtkonzentration führt zurück zu jenen Verhältnissen, die Bitcoin ursprünglich herausfordern wollte.

Statt Unabhängigkeit entsteht Abhängigkeit – von Plattformen, von Marken, von Versprechen.

Diese Entwicklung wirft Fragen auf: Wo liegt die Grenze zwischen technologischem Fortschritt und Finanzspielerei? Welche Rolle spielt Verantwortung in einem System, das Freiheit verspricht? Wie kann Vertrauen entstehen, wenn Kontrolle intransparent bleibt?

Diese Fragen verlangen klare Antworten. Nicht durch Regulierung allein, sondern durch Bewusstsein.

Die Zukunft ist: Bitcoin als digitales Fundament eines freien Finanzsystems

Wer heute über die Zukunft von Geld spricht, kommt an Bitcoin nicht vorbei. Nicht weil es die älteste, nicht weil es die bekannteste digitale Währung ist – sondern weil es das robusteste System darstellt, das jemals für monetäre Freiheit geschaffen wurde. Bitcoin verkörpert ein Konzept, das tiefer greift als technologische Innovation.

Es steht für eine Idee von Eigentum, die sich nicht durch Gewalt aufheben lässt. Es steht für Vertrauen, das nicht delegiert werden muss. Es steht für Transparenz, die nicht dem Wohlwollen einer Behörde unterliegt.

Dieses Fundament ruht auf einem Netzwerk, das keine Erlaubnis braucht, um zu existieren. Jeder, der eine Internetverbindung hat, kann Teil dieses Systems werden. Niemand fragt nach Herkunft, nach Meinung, nach Status.

Diese Offenheit ist radikal. Sie ermöglicht Zugang, wo Ausschluss herrscht. Sie schützt Vermögen, wo Enteignung droht. Sie bewahrt Freiheit, wo Kontrolle ausgeübt wird.

In einer Welt, in der wirtschaftliche Macht oft politischen Einfluss nach sich zieht, schafft Bitcoin eine Trennung. Es trennt nicht nur Geld von Staat, sondern auch ökonomisches Handeln von institutioneller Willkür. Diese Trennung entsteht nicht durch Dekret, sondern durch Code.

Die Spielregeln sind offen. Sie lassen sich einsehen, verstehen und reproduzieren. Niemand kann sie ändern, ohne dass alle zustimmen. Diese Architektur erzeugt ein Maß an Sicherheit, das institutionelle Systeme nicht erreichen können.

Diese Sicherheit bildet die Grundlage für langfristiges Denken. Wer Bitcoin nutzt, investiert in Unveränderlichkeit. Nicht um kurzfristige Rendite zu erzielen, sondern um Werte über Generationen zu erhalten.

Dieser Fokus verändert das Verständnis von Zeit, von Risiko, von Verantwortung. Er schafft ein neues Verhältnis zwischen Individuum und System. Nicht blinde Loyalität, sondern informierte Entscheidung.

Zugleich stellt Bitcoin eine Herausforderung für bestehende Strukturen dar. Staaten, Banken, Finanzaufsichten – sie alle stehen vor einem System, das sich ihrer Kontrolle entzieht. Diese Entziehung geschieht nicht durch Konfrontation, sondern durch Alternativen. Sie geschieht durch Wahl. Jeder Mensch, der Bitcoin verwendet, trifft eine Entscheidung. Für Selbstbestimmung. Für Transparenz. Für langfristige Orientierung.

Diese Entscheidung ist nicht ideologisch, sondern praktisch. In Krisenregionen bietet Bitcoin Zugang zu Geld, wenn Banken versagen. In autoritären Staaten schützt es Vermögen, wenn Eigentum gefährdet ist. In inflationsgeplagten Volkswirtschaften ermöglicht es Werterhalt.

Diese Anwendung geschieht nicht in Theorien, sondern im Alltag. Sie zeigt: Bitcoin funktioniert – nicht als Spielzeug, sondern als Lebensgrundlage.

Diese Funktionalität wächst mit jedem Nutzer. Bitcoin lebt durch seine Gemeinschaft. Menschen entwickeln, sichern, fördern es. Dieses Engagement beruht nicht auf Profit, sondern auf Überzeugung. Auf dem Wissen, dass ein freies Geldsystem mehr bedeutet als bloße Bezahlung. Es bedeutet Würde. Es bedeutet Autonomie. Es bedeutet Verantwortung und Freiheit.

Die Zukunft von Bitcoin liegt nicht in einer Preisprognose, sondern in seiner Fähigkeit, Orientierung zu geben. In einer digitalen Welt, die von Geschwindigkeit, Überwachung und Zentralisierung geprägt ist, bildet Bitcoin einen ruhenden Pol.

Ein Anker, der Stabilität verspricht – nicht durch Kontrolle, sondern durch Klarheit. Diese Klarheit braucht kein Versprechen. Sie braucht nur Wahrheit.

Diese Wahrheit zeigt sich in der Unveränderlichkeit des Codes. In der Offenheit des Netzwerks. In der globalen Verfügbarkeit. In der Unbestechlichkeit der Mathematik.

Wer diese Elemente erkennt, erkennt das Potenzial. Nicht als Spekulationsobjekt, sondern als Werkzeug für eine freie Gesellschaft. Diese Gesellschaft entsteht nicht durch Appelle, sondern durch Handlung. Jeder, der Bitcoin nutzt, gestaltet mit.

—

📒 Quellen und weiterführende Hinweise:

- Europäische Kommission: „Sustainable Finance Action Plan" (2018)

- Task Force on Climate-related Financial Disclosures (TCFD): „Final Report" (2017)

- United Nations: „Principles for Responsible Investment" (PRI)

- World Economic Forum: „Measuring Stakeholder Capitalism" (2020)

Kapitel 8

KI, Algorithmen und das unsichtbare Finanzgehirn
Wie Maschinen heute über Kreditwürdigkeit, Märkte und Wohlstand entscheiden – und niemand mehr durchblickt

"Der größte Trick, den Technologie je vollbrachte, war, uns glauben zu machen, sie sei neutral."

Meredith Broussard

Die neue Intelligenz: Wie Algorithmen das Finanzsystem steuern

Lange Zeit bestimmten Menschen die Regeln im Finanzsystem. Entscheidungen entstanden in Gremien, in Banken, in politischen Ausschüssen. Gespräche, Abwägungen, Strategien – all das geschah unter menschlicher Verantwortung. Aber mit dem Aufstieg der Technologie veränderte sich diese Struktur grundlegend.

Aus Tabellen wurden Datenströme, aus Prognosen wurden Simulationen, aus Entscheidungen wurden Rechenoperationen. Diese Transformation verlief kaum sichtbar, aber sie prägt heute nahezu jede Bewegung von Kapital, Kredit, Risiko.

Die moderne Finanzwelt gleicht einem Netzwerk aus Software, in dem Maschinen Informationen auswerten, Muster erkennen, Verhalten simulieren und innerhalb von Sekunden Bruchteile einer Entscheidung treffen, für die Menschen Tage brauchen würden.

Diese Maschinen basieren auf Algorithmen – logischen Anweisungen, die eigenständig handeln. Sie verarbeiten Daten nicht sequentiell, sondern vernetzt. Sie erkennen Korrelationen, die keine menschliche Intuition je erfassen könnte. Sie bewerten Bewegungen, analysieren Märkte, regulieren Liquidität.

Sie steuern Prozesse, die von außen betrachtet wirken wie ein Spiel ohne Regeln – aber in Wahrheit einem komplexen, nicht mehr durchschaubaren System folgen.

Diese Systeme entfalten ihre Kraft nicht in einzelnen Transaktionen, sondern in der Summe ihrer Entscheidungen. Ein Algorithmus mag nur einen Kreditvorgang bewerten. Doch Millionen solcher Entscheidungen erzeugen Strukturen. Sie bestimmen, wer Zugang zu Geld erhält, zu welchem Preis, in welchem Tempo.

Diese Entscheidungen formen Märkte. Sie erzeugen Gewinner und Verlierer. Sie verschieben Macht – nicht mehr durch direkte Intervention, sondern durch automatisierte Steuerung.

Im nächsten Abschnitt (8.2) betrachten wir, wie Kreditvergabe, Investitionen und Bonität heute nicht mehr nur durch Zahlen, sondern durch digitale Verhaltensmuster gelenkt werden – und welche Risiken entstehen, wenn Algorithmen darüber entscheiden, wer in der neuen Welt als wirtschaftlich wertvoll gilt.

Der digitale Maßstab: Wie Daten Kreditwürdigkeit und Bonität neu definieren

Früher richtete sich Kreditvergabe nach Einkommen, Vermögen und beruflicher Stabilität. Wer diese Nachweise erbringen konnte, bekam Vertrauen. Heute definiert sich Kreditwürdigkeit anhand digitaler Lebensspuren, die sich aus jedem Klick, jedem Kauf und jedem Weg zusammensetzen.

Diese Spuren füttern Modelle, die Berechnungen anstellen, die keine Bankangestellte je vornehmen würde.

Gesunde Ernährung, regelmäßiger Tagesrhythmus, planbare Konsumgewohnheiten – solche Muster fließen in die Entscheidung ein, ob ein Mensch als finanzstabil gilt. Spontane Reisen, wechselnde Aufenthaltsorte oder intensive Internetnutzung zu ungewöhnlichen Zeiten führen zu anderen Bewertungen.

Der Zugriff auf Kredit, Zinssätze, Versicherungskonditionen – all das hängt heute davon ab, wie sich das Verhalten mit dem Verhalten anderer vergleicht, deren Daten als verlässlich eingestuft wurden.

Dieses System kommuniziert seine Urteile nicht offen. Es bewertet im Stillen, zieht Rückschlüsse ohne Rückmeldung und verändert Zugangschancen, ohne dass Betroffene den Grund je erfahren. Diese automatisierte Stille verwandelt Vertrauen in eine technische Berechnung, die sich dem Verständnis entzieht.

Menschen begegnen Entscheidungen, die endgültig erscheinen, obwohl sie auf Mustern basieren, die aus der Vergangenheit anderer extrapoliert wurden.

Die soziale Komponente von Kreditwürdigkeit weicht einer rechnerischen Wahrscheinlichkeit, die kaum jemand versteht. Wer in einem Viertel wohnt, in dem es häufiger zu Zahlungsausfällen kam, steht statistisch unter erhöhter Beobachtung.

Diese Wahrscheinlichkeit formt den Blick auf den Einzelnen. Sie berücksichtigt keine Lebensumstände, keine Entwicklungen, keine Intention. Sie arbeitet mit Wahrscheinlichkeiten, nicht mit Biografien.

Diese digitale Bewertung erzeugt Strukturen, die sich tief in den Alltag eingraben. Sie entscheidet darüber, wer ein neues Konto eröffnen darf, wer einen Kredit erhält, wer einen Arbeitsplatz antreten kann. Denn Unternehmen greifen auf dieselben Datenmodelle zurück, um Risiken zu vermeiden. Die algorithmische Kontrolle ersetzt dabei persönliche Einschätzung. Vertrauen entsteht durch Muster, nicht durch Begegnung.

Wirtschaftliche Teilhabe hängt nicht mehr ausschließlich vom Einkommen ab, sondern auch von der Lesbarkeit des eigenen digitalen Verhaltens. Diese Lesbarkeit erzeugt Hierarchien, die nur selten hinterfragt werden. Denn kaum jemand erkennt, woher diese Scores stammen, wie sie sich zusammensetzen, welche Logik ihnen zugrunde liegt.

Kontrolle entsteht durch Unklarheit. Steuerung wirkt am stärksten, wenn sie als natürlich empfunden wird.

Diese Form der Bewertung stellt die Idee vom mündigen Verbraucher infrage. Denn wer sich anpassen möchte, weiß selten, woran genau. Und wer abweicht, spürt die Konsequenzen oft erst dann, wenn Entscheidungen längst gefallen sind.

In dieser Welt zählt nicht das Selbstbild, sondern das Bild, das der Algorithmus zeichnet. Es entsteht ein neues Verhältnis zwischen Individuum und System – eines, das von stiller Beobachtung geprägt ist, von mathematischer Kategorisierung und von der Kraft einer Zahl, die vieles entscheidet, ohne sich erklären zu müssen.

Die programmierte Ordnung: Wie Märkte auf Maschinen hören

Finanzmärkte folgen heute nicht mehr allein der Psychologie von Investoren, den Strategien von Banken oder der Politik von Zentralbanken. Vielmehr existiert eine neue Ordnung, die aus der Logik maschineller Entscheidungsfindung hervorgegangen ist. Diese Ordnung kennt keine Ruhephasen, kein Zögern, keine Pausen.

Sie funktioniert durch permanente Auswertung, durch kontinuierliche Anpassung, durch automatisierte Reaktionen. Jeder Kurs, jede Bewegung, jede Nachricht wird von Maschinen gelesen, interpretiert und in Handlung umgesetzt.

Diese Maschinen – oft in Form von Hochfrequenzhandelssystemen – verarbeiten in Mikrosekunden Informationen, die sich für Menschen nicht einmal vollständig darstellen lassen. Sie nutzen minimale Kursveränderungen, sie reagieren auf Schlagworte in Nachrichtenmeldungen, sie passen Positionen in Echtzeit an.

Diese Dynamik führt zu einer Geschwindigkeit, in der menschliche Beteiligung kaum noch eine Rolle spielt. Die Märkte bewegen sich selbst – auf der Grundlage von Modellen, die durch vergangenes Verhalten trainiert wurden und durch aktuelle Daten gespeist werden.

Diese Struktur bringt neue Risiken hervor. Denn diese Modelle kennen keine Ethik, keine Geschichte, keine Langfristigkeit. Sie kennen Wahrscheinlichkeiten, sie kennen Korrelationen, sie kennen Ziele, die sich in Zahlen ausdrücken lassen. Wenn bestimmte Ereignisse ein bestimmtes Verhalten erwarten lassen, dann folgt das System dieser Erwartung. Es verkauft, wenn Verlust wahrscheinlich wird. Es kauft, wenn Gewinnmuster entstehen.

Und es tut dies gleichzeitig auf tausenden Kanälen, mit Milliarden an Kapital. Dieses Verhalten verstärkt Bewegungen, es erhöht Volatilität, es erzeugt Blasen und Stürze, die sich aus der Reaktion der Maschinen aufeinander ergeben.

In dieser Realität verändert sich auch die Rolle des Menschen. Analysten, Fondsmanager, Börsianer – sie alle treten zurück hinter das System, das sie einst gestalteten. Entscheidungen entstehen aus Simulationen. Empfehlungen basieren auf Wahrscheinlichkeiten. Vertrauen wird ersetzt durch Performance-Kennzahlen, die im Hintergrund laufen.

Der Markt erhält so ein Eigenleben – nicht als bewusster Akteur, sondern als kollektives Ergebnis unzähliger, miteinander verbundener Maschinen, die im selben Moment dasselbe denken, weil sie auf dieselben Daten zugreifen.

Diese Entwicklung stellt die Frage nach Kontrolle, nach Verantwortung, nach Gestaltung. Denn wenn Entscheidungen auf Grundlage von Modellen fallen, die nicht überprüft werden, weil sie zu komplex oder zu geschützt sind, dann entsteht eine Ordnung, die sich der öffentlichen Diskussion entzieht.

Diese Ordnung existiert, wirkt, verändert die Welt – ohne dass ihre Prinzipien je demokratisch legitimiert oder transparent gemacht wurden.

Das unsichtbare Netz: Rechenzentren, Datenflüsse und die neue Macht

Hinter den glänzenden Fassaden der Finanzmärkte, hinter Apps und Plattformen, hinter Charts und Dashboards existiert ein Netz aus Infrastruktur, das selten im Blick der Öffentlichkeit steht. Dieses Netz ist nicht sichtbar, weil es keinen physischen Raum beansprucht, den Menschen in ihrer Wahrnehmung verankert haben.

Es liegt in unterirdischen Glasfaserleitungen, in klimatisierten Rechenzentren, in Cloud-Systemen, deren physische Verortung kaum jemand kennt. Dieses Netz bildet das Rückgrat der heutigen Finanzmacht – leise, effizient, unaufhaltsam.

In riesigen Hallen, meist am Rande großer Städte, arbeiten tausende Server ununterbrochen. Sie analysieren, filtern, speichern, bewerten. Strom fließt in einem Ausmaß, das

Städte versorgen könnte. Künstliche Kühlung hält die Temperatur stabil, damit keine Wärme das Funktionieren stört. Diese Maschinen bewältigen Datenmengen, die sich der Vorstellungskraft entziehen. Jeder Kauf, jede Bewegung, jede Anfrage fließt durch diese Zentren.

Dort entscheidet sich, was als relevant gilt, welche Information Priorität erhält und welche Verknüpfung als sinnvoll erscheint.

Diese Prozesse geschehen ohne menschliche Vermittlung. Die Architektur der Entscheidung ist algorithmisch. Relevanz entsteht durch Datenhäufigkeit, durch Klickverhalten, durch ökonomische Relevanz. Nicht der Kontext einer Handlung zählt, sondern das Muster, das sich daraus ergibt.

Diese Muster steuern nicht nur Finanzflüsse, sondern auch Kommunikation, Werbung, Verfügbarkeit von Produkten und Sichtbarkeit von Ideen.

Wer Zugriff auf diese Infrastrukturen hat, besitzt Einfluss. Denn nicht die Information allein zählt, sondern der Zugriff darauf. Kontrolle über Datenströme bedeutet Kontrolle über Realitäten. Wer über Schnittstellen bestimmt, über Protokolle, über Priorisierung in digitalen Netzwerken, gestaltet Märkte – auch ohne formale Entscheidungsmacht. Macht entsteht durch Architektur, durch Design, durch Vorauswahl.

In dieser neuen Ordnung verschiebt sich die Rolle des Staates. Aufsicht beschränkt sich oft auf juristische Rahmensetzung, während technische Gestaltung in privaten Händen liegt. Anbieter digitaler Dienste entwickeln Standards, definieren Schnittstellen, implementieren Sicherheitsvorgaben.

Diese Standards bestimmen, wer teilhaben kann, welche Form von Transparenz möglich ist, welches Verhalten sich lohnt. Der politische Rahmen erscheint stabil, doch die operative Gestaltung erfolgt in Rechenzentren und Entwicklerteams.

Diese Verschiebung bringt Fragen mit sich, die nach Öffentlichkeit verlangen. Wer entscheidet, welche Daten aggregiert werden? Wer definiert, welche Muster als relevant gelten? Wer kontrolliert, ob technische Systeme mit ethischen Prinzipien vereinbar sind?

Diese Fragen verlangen Debatten, die über den Horizont der Technik hinausreichen. Denn jede technische Architektur transportiert Werte – bewusst oder unbewusst.

Wege der Selbstermächtigung: Digitale Souveränität als neue Bürgerpflicht

Die Entwicklung hin zu einer digitalen Finanzarchitektur, die durch Maschinen strukturiert wird, eröffnet eine Herausforderung, die nicht in der Technik liegt, sondern in der Haltung gegenüber Technik. Menschen sehen sich heute einer Infrastruktur gegenüber, die leise wirkt, aber tiefgreifend gestaltet. Diese Gestaltung geschieht nicht im Licht der Parlamente, sondern in den Hinterzimmern von Entwicklerstudios und den Logikstrukturen privater Plattformen.

Wer Freiheit und Mündigkeit bewahren möchte, steht vor der Aufgabe, sich bewusst mit diesen Prozessen auseinanderzusetzen.

Diese Auseinandersetzung beginnt mit dem Verstehen. Denn wer verstehen kann, wo und wie Entscheidungen entstehen, erkennt Spielräume. Dieses Verständnis setzt keine Programmierkenntnisse voraus, sondern den Willen, Muster zu erkennen, Zusammenhänge zu reflektieren und Konsequenzen zu durchdenken.

Wer erkennt, dass digitale Systeme nicht autonom handeln, sondern von Menschen gestaltet werden, erkennt auch, dass diese Gestaltung offen für Kritik und Veränderung bleibt.

Digitale Souveränität bedeutet dabei nicht Kontrolle über alle Aspekte, sondern die Fähigkeit, mit bewusstem Blick durch digitale Räume zu navigieren. Sie bedeutet, Entscheidungen auf Basis fundierter Informationen zu treffen, Plattformen mit Augenmaß zu nutzen, sich nicht von Geschwindigkeit und Komfort die Entscheidungsfreiheit abnehmen zu lassen.

Sie wächst mit Bildung, mit Austausch, mit einem Klima, das nicht auf Euphorie, sondern auf Wachsamkeit setzt.

Wachsamkeit bedeutet nicht Angst, sondern Aufmerksamkeit. Wer aufmerksam bleibt, erkennt Muster, die von Algorithmen erzeugt werden, und kann sie einordnen. Diese Einordnung führt zu Handlungsfähigkeit.

Sie ermöglicht, zwischen notwendiger Technik und manipulativer Struktur zu unterscheiden. Diese Unterscheidung ist entscheidend für eine Gesellschaft, die sich auf Werte beruft, die jenseits von Effizienz liegen – auf Gerechtigkeit, auf Teilhabe, auf Menschenwürde.

Der Weg zur digitalen Mündigkeit beginnt mit kleinen Entscheidungen. Wer hinterfragt, welche Daten warum gesammelt werden, gestaltet mit. Wer alternative Plattformen nutzt, die Offenheit, Transparenz und Kontrolle durch die Nutzer in den Mittelpunkt stellen, setzt ein Zeichen.

Wer digitale Bildung nicht als Schulfach, sondern als Lebenshaltung versteht, schafft Voraussetzungen für eine Kultur, die sich Technik nicht ausliefert, sondern sie integriert – mit Maß, mit Verstand, mit Blick für das Ganze.

Diese Kultur entsteht nicht aus Angst vor der Zukunft, sondern aus dem Vertrauen in die eigene Fähigkeit, Zukunft zu gestalten. Technologie kann Instrument sein – für Macht, aber auch für Befreiung. Diese Wahl liegt im

Handeln jedes Einzelnen. Der digitale Raum bleibt gestaltbar, solange Menschen ihn als gestaltbar wahrnehmen. Diese Wahrnehmung beginnt mit dem Blick hinter die Oberfläche, mit dem Mut zur Analyse und mit der Bereitschaft, Verantwortung nicht abzugeben, sondern zu übernehmen.

So endet dieses Kapitel mit einem Appell an das Bewusstsein – nicht an Misstrauen, sondern an die Kraft des informierten Geistes. Der informierte Geist erkennt die Architektur, in der er sich bewegt, und beginnt, sie mitzugestalten.

Aus dieser Gestaltungskraft wächst eine neue Form von Freiheit – nicht durch Rückzug, sondern durch aktive Teilhabe. In dieser Teilhabe liegt die Zukunft digitaler Souveränität.

—

📑 Quellen und weiterführende Hinweise:

☐ EZB: „Eurosystem report on the public consultation on a digital euro" (2021)

☐ BIZ: „Annual Economic Report" (2021)

☐ IMF: „Central Bank Digital Currencies: A New Tool in the Financial Inclusion Toolkit?" (2020)

☐ Deutsche Bundesbank: „Die Rolle der Zentralbanken im digitalen Zeitalter" (2021)

Kapitel 9

ESG, Green Finance und der moralische Hebel
Wie Klima und Ethik zur Fassade für neue Finanzkontrolle werden

"Wenn Macht moralisch auftritt, wird Kontrolle leicht akzeptiert."

Anonym

Die neue Tugend: Wie Nachhaltigkeit zur Währung wird

In der Welt des Geldes entsteht derzeit eine neue Sprache. Diese Sprache nutzt Worte wie Verantwortung, Gerechtigkeit, Transparenz. Sie spricht von Klimaschutz, von Diversität, von guter Unternehmensführung. Diese Worte klingen richtig, sie klingen beruhigend, sie klingen nach einem Fortschritt, der das System menschlicher machen könnte.

Doch diese neue Sprache entsteht nicht in den Gassen sozialer Bewegungen, sondern in den Vorstandsetagen großer Finanzinstitute.

Mit der Einführung von ESG – also der Bewertung von Unternehmen nach Umwelt, Sozialem und Governance – verändert sich der Rahmen dessen, was als gutes Investment gilt. Banken, Fonds und Versicherungen richten ihre Portfolios zunehmend an diesen Kriterien aus. Unternehmen passen ihre Strategien an.

Wer bewertet, welche Firmen nachhaltig sind, entscheidet darüber, wohin das Kapital fließt. Und Kapital entscheidet, wer wachsen kann und wer nicht.

Diese Dynamik verleiht dem Begriff der Nachhaltigkeit eine Macht, die über ökologisches Bewusstsein hinausreicht. Denn sie erschafft ein System, in dem moralische Bewertung als ökonomisches Steuerungsinstrument fungiert. Unternehmen stehen unter dem Druck, gut zu wirken – nicht nur durch Produkte, sondern durch Berichte, durch Ratings, durch Zertifikate.

Diese Form der Bewertung wirkt sanft, aber tiefgreifend. Sie verändert Prioritäten. Sie schafft Anreize, die sich nicht aus innerer Überzeugung, sondern aus externen Maßstäben ergeben.

Der Hebel der Moral: Wenn Ethik zur Finanzarchitektur wird

ESG entwickelt sich zu einem Standard, der nicht mehr hinterfragt, sondern vorausgesetzt wird. In dieser Entwicklung liegt ein Wandel, der kaum sichtbar, aber umso wirkungsvoller ist. Unternehmen berichten über ihren CO_2-Ausstoß, über Gleichstellungsquoten, über Lieferketten und Arbeitsbedingungen. Diese Berichte folgen strengen Vorgaben, sie münden in Scores, in Rankings, in Benchmarks. Diese Zahlen fließen in Finanzentscheidungen ein.

Wer im ESG-Ranking hoch platziert ist, erhält leichter Zugang zu Kapital. Wer tief bewertet wird, zahlt mehr, bekommt weniger, verschwindet aus den Portfolios großer Investoren.

Diese Logik erschafft eine neue Form der Bewertung. Sie ähnelt einem moralischen Kreditsystem, bei dem nicht mehr nur ökonomischer Erfolg, sondern auch normatives Verhalten zählt. Diese Bewertung geschieht nicht durch demokratische Prozesse, sondern durch Analysten, durch Ratingagenturen, durch Fondsverwalter.

Ihre Maßstäbe orientieren sich an internationalen Rahmenwerken, an UN-Zielen, an freiwilligen Selbstverpflichtungen großer Konzerne. Doch diese Standards entstehen ohne direkte Legitimation, ohne breite gesellschaftliche Diskussion. Sie wirken technokratisch, doch sie gestalten.

Der moralische Hebel wirkt durch die stille Kraft der Finanzmärkte. Wer sich diesen Kriterien entzieht, verliert Sichtbarkeit. Wer sich ihnen unterwirft, erhöht seine Chancen. Dieser Mechanismus funktioniert nicht über Zwang, sondern über Attraktivität. Kapital fließt dahin, wo ESG erfüllt scheint. Und Kapital bedeutet in einer marktorientierten Welt Einfluss, Expansion, Deutungshoheit.

Diese Dynamik stellt die Frage nach der Herkunft moralischer Maßstäbe. Wer definiert, was nachhaltig ist? Wer legt fest, wie viel CO_2 ein Unternehmen ausstoßen darf? Wer entscheidet, ob ein Lieferant ethisch handelt?

Diese Fragen erhalten kaum Aufmerksamkeit, weil ESG als Fortschritt gilt, als moralische Innovation. Doch Fortschritt verlangt Klarheit. Wenn Maßstäbe Macht entfalten, brauchen sie Transparenz. Wenn Kriterien Wohlverhalten belohnen, brauchen sie Kontrolle durch die Öffentlichkeit. Diese Kontrolle fehlt.

Die ESG-Logik verbindet Ethik mit Profit. Sie tut dies, indem sie moralisches Verhalten in Investierbarkeit übersetzt. Dieser Vorgang verändert die Motivation. Nachhaltigkeit erscheint nicht mehr als Haltung, sondern als Kennziffer. So entstehen Unternehmen, die Berichte perfektionieren, die Kommunikation optimieren, die Zertifikate erwerben – während grundlegende Prozesse auf dem Papier bleiben.

Diese Oberfläche genügt oft, um im ESG-Rating zu steigen. Tiefgreifende Transformationen treten zurück hinter einem System, das Daten aggregiert, anstatt Veränderungen zu prüfen.

Diese Entwicklung verstärkt die Macht jener Akteure, die über die Kriterien entscheiden. Fondsriesen wie BlackRock oder State Street nutzen ESG als Steuerungsinstrument. Sie definieren, was sie unter guter Unternehmensführung verstehen, und beeinflussen mit ihrer Kapitalmacht, wie Vorstände aufgestellt werden, wie Geschäftsfelder bewertet werden, wie Risiken formuliert werden.

Diese Einflussnahme wirkt nicht über Gesetzgebung, sondern über Investitionsentscheidungen. Wer im Spiel bleiben will, folgt den Regeln. Diese Regeln entstehen dort, wo Kapital konzentriert ist.

Die großen Vermögensverwalter: ESG als Werkzeug globaler Einflussnahme

In der Landschaft globaler Finanzmärkte stehen einige Namen für eine neue Form der Macht. BlackRock, Vanguard, State Street – diese Institutionen verwalten Kapital in einem Ausmaß, das früher nur Staaten kannten. Ihr Einfluss reicht weit über Aktienkurse hinaus.

Er beginnt bei Unternehmensentscheidungen und endet bei politischen Debatten über Klimaziele, Gleichstellung oder digitale Regulierung. Diese Macht entfaltet sich nicht durch Lautstärke, sondern durch Volumen.

Sie ist nicht sichtbar in Schlagzeilen, sondern in Stimmrechten, in Ausschüssen, in den stillen Gesprächen mit Vorständen.

Diese Vermögensverwalter nutzen ESG nicht nur zur Risikominimierung. Sie nutzen es als Steuerungsmechanismus. Durch ihre Stimmrechte in Hauptversammlungen fordern sie Transparenzberichte, Gleichstellungspläne, Netto-Null-Ziele. Sie formulieren Erwartungen, die sich in Richtlinien verwandeln.

Diese Erwartungen beruhen auf ESG-Kriterien, die aus internen Bewertungsmodellen stammen. Diese Modelle basieren auf normativen Annahmen – darüber, was ein Unternehmen ausmacht, das als zukunftsfähig gilt.

Diese Definition von Zukunft wird durch wenige Akteure geprägt. Sie beruht auf Szenarien, die nicht demokratisch entstanden sind, sondern auf Annahmen globaler Berater, Think Tanks und Analysehäuser. Diese Akteure setzen Standards, die als objektiv erscheinen, obwohl sie auf politischen Prämissen, wirtschaftlichen Interessen und strategischer Positionierung beruhen.

Wenn BlackRock erklärt, dass Klimaschutz eine Investitionspriorität darstellt, dann wirkt diese Erklärung wie ein Bekenntnis. Doch sie stellt zugleich eine Marktintervention dar – in Form von Kapitallenkung, von Einflussnahme auf Strategien, von Reputationsdruck.

Die neue Steuerung: Wie ESG demokratische Gestaltung herausfordert

Wenn Finanzakteure Maßstäbe setzen, die sich in regulatorische Realitäten übersetzen, verändert sich das

Kräfteverhältnis zwischen Kapital und Politik. Diese Veränderung verläuft leise, sie geschieht durch Mechanismen, die neutral erscheinen. Doch in dieser Stille liegt eine tiefgreifende Verschiebung.

ESG-Kriterien wirken auf politische Prozesse ein – nicht über Wahlen oder Gesetze, sondern über Investitionsflüsse, über Unternehmensstrategien, über Marktdynamiken.

Parlamente verabschieden Klimaziele, doch Vermögensverwalter definieren, wie Unternehmen diese Ziele erreichen sollen. Regierungen fördern Gleichstellung, doch Ratingagenturen entscheiden, ob Maßnahmen ausreichend erscheinen.

Diese Parallelstrukturen erzeugen eine Form von Soft Governance. Diese Form steuert nicht durch Ge- oder Verbote, sondern durch das Prinzip der Finanzierbarkeit. Was sich nicht refinanzieren lässt, verliert Realität. Diese Steuerung beeinflusst Entscheidungen – in Städten, in Ministerien, in Unternehmen.

Diese Einflussnahme erfolgt durch technische Berichte, durch Tabellen, durch Indizes. Ihre Sprache bleibt sachlich, ihre Wirkung gestaltet. Denn wer ESG nicht erfüllt, verliert Sichtbarkeit, verliert Vertrauen, verliert Zugang zu Ressourcen.

Diese Realität erzeugt Konformität. Nicht aus Überzeugung, sondern aus Kalkül. Wer sich als modern positionieren möchte, erfüllt Benchmarks. Diese

Benchmarks formen Handlungsspielräume, sie strukturieren Debatten, sie bestimmen, was als pragmatisch gilt.

Politische Räume passen sich dieser Realität an. Behörden nutzen ESG-Indikatoren für Förderprogramme. Kommunen orientieren sich an Nachhaltigkeitsratings. Ministerien veröffentlichen Strategien, die sich an Kriterien privater Institutionen anlehnen. Diese Angleichung erzeugt eine neue Form von Konsens. Dieser Konsens entsteht nicht durch gesellschaftliche Debatten, sondern durch Standardisierung.

Standardisierung reduziert Vielfalt. Sie bevorzugt jene, die sich anpassen können – technologisch, finanziell, strukturell.

Diese Entwicklung betrifft nicht nur Unternehmen, sondern auch zivilgesellschaftliche Organisationen. Wer Projekte fördern möchte, muss Kriterien erfüllen, die ursprünglich aus dem Finanzsektor stammen. Diese Kriterien prägen Förderbedingungen, Auswahlprozesse, Sichtbarkeit.

So entsteht eine Dynamik, in der wirtschaftliche Standards Einfluss auf politische Gestaltung nehmen. Diese Dynamik verlangt eine bewusste Auseinandersetzung.

Das moralische Korsett: Wenn ESG zur sozialen Norm wird

In einer Welt, in der Bewertungen über Investitionen entscheiden und Kriterien darüber Auskunft geben, ob ein Unternehmen als zukunftsfähig erscheint, entfalten sich Mechanismen, die weit über betriebswirtschaftliche Fragestellungen hinausreichen. Denn diese Mechanismen strukturieren nicht nur Märkte, sondern auch Erwartungen.

Sie wirken auf Lebensstile, auf Sprache, auf Selbstbilder. Wer sich wirtschaftlich integrieren möchte, spürt sehr schnell, welche Haltung als angemessen erscheint, welche Begriffe Resonanz erzeugen und welche Positionen das Risiko bergen, als rückständig oder verantwortungslos wahrgenommen zu werden.

Diese Form der sozialen Lenkung benötigt keine Anordnung. Sie entfaltet ihre Kraft durch ein Zusammenspiel aus Marktlogik, medialer Kommunikation und institutioneller Angleichung. Wenn Unternehmen Fördermittel beantragen, achten sie auf ESG-Formulierungen.

Wenn junge Fachkräfte Lebensläufe formulieren, berücksichtigen sie, welche Begriffe Vertrauen erzeugen. Wenn Banken Kreditvergaben prüfen, berücksichtigen sie externe Ratings, die auf ESG-Indikatoren basieren. All diese Vorgänge erzeugen eine Umwelt, in der moralische Orientierung nicht mehr individuell gestaltet wird, sondern durch eine Vielzahl von Rückmeldeschleifen entsteht.

In dieser Umwelt zeigt sich eine tiefgreifende Verschiebung: Moralische Deutungsmuster entstehen nicht mehr primär aus gesellschaftlicher Auseinandersetzung, sondern aus Standards, die technokratisch verwaltet werden. Diese Standards klingen neutral, sie beruhen auf Zahlen, Tabellen, Scores. Doch hinter jeder Zahl steht eine Definition.

Und jede Definition spiegelt eine Vorstellung davon, was als verantwortliches Handeln gelten soll. Diese Vorstellungen entstehen oft dort, wo wirtschaftliche Interessen gebündelt werden und nicht dort, wo demokratische Aushandlung möglich ist.

Diese Entwicklung beeinflusst das Verhalten Einzelner. Sie prägt, wie sich Menschen in öffentlichen Räumen äußern, welche Themen sie ansprechen, welche Initiativen sie unterstützen. Wer sich im Rahmen des ESG-Konsenses bewegt, erlebt Zustimmung, Anschlussfähigkeit, Zugang zu Ressourcen.

Wer sich außerhalb positioniert, begegnet Distanz, Zurückhaltung, mitunter Sanktionierung. Diese soziale Dynamik entfaltet Wirkung nicht durch Gesetze, sondern durch die stete Rückmeldung, welche Position als vertretbar erscheint.

So entsteht eine Atmosphäre, in der Abweichung sich nicht mehr durch andere Perspektiven legitimieren kann, sondern als Risiko gilt. Wer sich nicht anpasst, verzichtet auf Anschluss. Wer Fragen stellt, die außerhalb der ESG-Logik liegen, verliert Vertrauen. Diese Dynamik erzeugt eine stille Form von Kontrolle, deren Kraft sich darin zeigt, dass sie kaum bemerkt wird. Kontrolle zeigt sich nicht in offensichtlichen Maßnahmen, sondern in der inneren Anpassung an ein System, das als moralisch begründet erscheint.

Diese Form der Steuerung verlangt Aufmerksamkeit. Denn eine Gesellschaft, die sich über moralische Indikatoren selbst organisiert, bewegt sich auf einer Gratlinie. Auf der einen Seite steht die Hoffnung, durch gemeinsame Standards Verantwortung zu fördern.

Auf der anderen Seite steht das Risiko, durch diese Standards Vielfalt, Widerspruch und Kreativität zu reduzieren. Die Herausforderung liegt darin, diesen Spannungsbogen zu erkennen – und Räume zu schaffen, in denen Fragen gestellt werden können, ohne sofort als unangemessen zu gelten.

Die offene Ordnung: Eine neue Finanzkultur für mündige Gesellschaften

Wenn Systeme zu sehr auf Kontrolle ausgerichtet sind, entsteht oft eine stille Sehnsucht nach Selbstbestimmung. Diese Sehnsucht zeigt sich nicht sofort, sie entfaltet sich im Alltag – in Momenten, in denen Menschen spüren, dass Entscheidungen nicht aus innerer Überzeugung, sondern aus externem Erwartungsdruck getroffen wurden. ESG besitzt das Potenzial, diese Dynamik zu durchbrechen, wenn es gelingt, den moralischen Rahmen nicht als Vorschrift zu begreifen, sondern als Raum für gemeinsame Verantwortung.

Eine neue Finanzkultur könnte aus dem Wunsch entstehen, Standards nicht zur Einschränkung, sondern zur Ermöglichung zu machen. In dieser Kultur würde nicht nur der Output eines Unternehmens zählen, sondern auch die Prozesse, in denen Vielfalt, Kreativität und Reflexion einen Platz erhalten.

ESG könnte als Plattform dienen, auf der Debatten geführt werden, die verschiedene Perspektiven sichtbar machen und Wertkonflikte nicht verdrängen, sondern austragen.

Transparenz wäre dabei kein technischer Bericht, sondern ein lebendiger Dialog zwischen den Akteuren, die Finanzentscheidungen gestalten und jenen, die von ihnen betroffen sind. Diese Transparenz würde nicht in Form standardisierter Kennzahlen erfolgen, sondern in Form nachvollziehbarer Kriterien, die aus der Mitte der Gesellschaft entstehen und regelmäßig überprüft werden – nicht nur durch Experten, sondern durch Betroffene, durch Bürger, durch engagierte Öffentlichkeit.

Eine offene Ordnung in der Finanzwelt würde Menschen ermutigen, Fragen zu stellen, abweichende Meinungen zu vertreten, Alternativen zu prüfen. ESG könnte in diesem Sinn nicht als Disziplinierung verstanden werden, sondern als Einladung zur Mitgestaltung. Wenn Unternehmen nicht nach Optimierung von Scores streben, sondern nach authentischer Wirkung, wenn Investoren nicht nur auf Risikominimierung achten, sondern auf gesamtgesellschaftliche Resilienz, entsteht Raum für neue Allianzen zwischen Kapital, Ethik und Demokratie.

In dieser Finanzkultur wäre Macht nicht mehr still und anonym, sondern sichtbar und rechenschaftspflichtig. Einfluss würde nicht durch Datenpunkte ausgeübt, sondern durch nachvollziehbare Argumente, die offen zur Diskussion stehen. ESG hätte die Chance, nicht länger als technokratisches Instrument zu erscheinen, sondern als Werkzeug einer wachen, reflektierten und dialogfähigen Gesellschaft.

So endet dieses Kapitel mit dem Bild einer Zukunft, in der Finanzmacht nicht über soziale Normen herrscht, sondern sich in Dienst stellen lässt – durch Offenheit, durch Teilhabe, durch die Bereitschaft, Standards nicht als Endpunkt, sondern als Ausgangspunkt für eine gerechtere Wirtschaft zu verstehen.

Der stille Abstieg: Wie die Mittelschicht massiv unter Druck gerät

Über viele Jahrzehnte galt die Mittelschicht als Stabilitätsanker moderner Gesellschaften. Sie stand für Aufstieg durch Leistung, für Verlässlichkeit, für das Versprechen, dass Arbeit, Bildung und Verantwortung zu

Wohlstand führen. Doch dieses Versprechen verblasst. Immer mehr Menschen, die einst zur Mitte zählten, erleben, dass ihr Einkommen stagniert, ihre Ausgaben immer weiter steigen und ihre Möglichkeiten mehr und mehr schrumpfen. Dieser Prozess verläuft nicht rasant, sondern schleichend.

Er zeigt sich nicht in plötzlichem Absturz, sondern in ständiger Anspannung.

Diese neue Armut tarnt sich oft als Normalität. Familien leben weiter im Eigenheim, fahren ein Auto, schicken ihre Kinder zur Schule. Doch hinter dieser Fassade beginnt das Fundament zu bröckeln. Kredite finanzieren Konsum, Rücklagen schmelzen, Reserven fehlen.

Wer erkrankt, spürt sofort, wie fragil die finanzielle Situation geworden ist. Wer seinen Job verliert, erlebt, wie schnell Abstiegsängste Realität werden. Diese Angst bleibt oft unausgesprochen, sie äußert sich in Zurückhaltung, in Unsicherheit, in einem Gefühl wachsender Abhängigkeit.

Die Last der Leistung: Wenn Arbeit nicht mehr reicht

In vielen Volkswirtschaften basiert der soziale Zusammenhalt auf der Idee, dass Leistung sich auszahlt. Diese Idee zieht sich durch die Bildungssysteme, durch das Steuerrecht, sowie durch den Arbeitsmarkt.

Aber wer genauer hinschaut, erkennt, dass sich die Realität für viele Arbeitende dramatisch verändert hat. Während Löhne in weiten Teilen stagnieren, steigen die Lebenshaltungskosten. Mieten, Energie, Mobilität, Gesundheitskosten – all das nimmt kontinuierlich zu. Gleichzeitig bleibt das verfügbare Einkommen oft auf einem Niveau, das kaum Spielraum lässt.

Steuern und Abgaben nehmen einen immer größeren Anteil des Einkommens in Anspruch. Sozialabgaben, Einkommensteuer, Verbrauchssteuern – sie summieren sich zu einer Belastung, die viele Menschen als erdrückend empfinden.

Dabei trifft es gerade jene besonders hart, die weder arm genug sind, um von Sozialleistungen zu profitieren, noch wohlhabend genug, um sich durch Beratung und Gestaltung Spielräume zu verschaffen. Diese Menschen zahlen, aber sie erhalten wenig zurück. Sie finanzieren ein System, in dem sie sich selbst kaum wiederfinden.

Staatliche Transfermechanismen wirken dabei häufig kompensatorisch, aber nicht befreiend. Familien erhalten Kindergeld, Geringverdiener erhalten Wohngeld, manche Regionen bieten Zuschüsse für Mobilität oder Bildung.

Doch diese Transfers erzeugen Abhängigkeiten. Sie signalisieren Unterstützung, aber sie ersetzen keine strukturelle Entlastung. Wer auf Zuschüsse angewiesen ist, lebt in einem System permanenter Antragsverfahren,

Nachweispflichten, Fristen. Diese Bürokratie nimmt Zeit, Energie und oft auch Würde.

Gleichzeitig verändert sich die Struktur der Beschäftigung. Immer mehr Menschen arbeiten in prekären Verhältnissen – Teilzeit, befristet, auf Abruf. Selbständige kämpfen mit Aufträgen, mit Bürokratie, mit steigenden Betriebskosten.

Die Idee des stabilen, planbaren Erwerbslebens verliert an Glaubwürdigkeit. Und mit ihr verliert auch das Modell der Mittelschicht an Stabilität.

Die unsichtbare Steuer: Warum Inflation Besitz entwertet und Kontrolle erschwert

In wirtschaftlich stabilen Zeiten erscheint Geldwert wie ein verlässlicher Anker. Er ermöglicht Planung, er schafft Vertrauen, er sichert Ersparnisse. Doch in einer Phase anhaltender Inflation verändert sich dieses Bild. Preise steigen, und mit ihnen wächst das Gefühl, dass Geld seine Funktion verliert.

Diese Preissteigerung betrifft nicht nur Luxusgüter oder Energie, sondern die Grundpfeiler des Alltags – Lebensmittel, Mieten, Mobilität, Bildung, Gesundheit. Diejenigen, die ohnehin mit begrenzten Mitteln wirtschaften, spüren diese Dynamik zuerst und am deutlichsten. Wer wenig hat, muss jeden Euro durchdenken.

Wenn jeder Einkauf zum Rechenexempel wird, verschwindet die Leichtigkeit. Aus Alltäglichem wird Anstrengung.

Inflation frisst sich leise in das Vertrauen der Menschen. Sie hinterlässt das sichere Gefühl, dass Löhne nicht mehr genügen, dass Sparen keine Sicherheit mehr schafft, dass Rücklagen schmelzen, ohne dass man sie nutzt. Diese Entwicklung trifft vor allem die Mittelschicht, denn sie spart, sie investiert, sie trägt Verantwortung.

Wenn diese Gruppe spürt, dass ihre Anstrengung nicht mehr reicht, entsteht Frust – ein Frust, der sich nicht immer artikulieren lässt, der sich in Zurückhaltung ausdrückt, in Angst, in einem Rückzug aus gesellschaftlicher Teilhabe.

Inflation ist dabei keine Naturgewalt, sondern Folge politischer und wirtschaftlicher Entscheidungen. Zentralbanken reagieren auf Krisen mit Liquidität, Regierungen verschulden sich, Märkte spekulieren auf Preisentwicklungen. Diese Dynamiken bleiben für viele unsichtbar.

Sie äußern sich nicht in unmittelbarer Entscheidung, sondern in schleichender Entwertung. Wenn der Preis für Butter steigt, wenn der Stromzähler schneller läuft, wenn das Heizöl zum Luxus wird, zeigt sich diese Entwertung im Konkreten. Wer sparen wollte für das Alter, für Bildung, für die nächste Generation, erkennt, dass seine Planungen an Kaufkraft verlieren.

Gleichzeitig erzeugt Inflation eine psychologische Wirkung. Menschen verlieren das Gefühl, Kontrolle über ihre Zukunft zu besitzen. Sie erleben, dass Budgetplanungen scheitern, dass Reserven nicht ausreichen, dass selbst bei größter Disziplin Unsicherheit bleibt. Diese Unsicherheit beeinflusst Entscheidungen – Konsum wird verschoben, Investitionen unterbleiben, Mobilität wird eingeschränkt.

Die Folge ist nicht nur wirtschaftlich spürbar, sondern gesellschaftlich tiefgreifend. Denn wer das Vertrauen in die Zukunft verliert, zieht sich zurück, engagiert sich weniger, beteiligt sich seltener an politischen Prozessen.

Diese Entwicklung betrifft nicht alle gleich. Vermögende Schichten verfügen über Mittel, um Inflation auszugleichen. Sie investieren in Immobilien, in Sachwerte, in internationale Märkte. Die Mittelschicht hingegen bleibt gebunden an Einkommen, an Inland und an Alltagsökonomie.

Diese Ungleichheit vertieft sich immer mehr durch Inflation. Sie verschiebt Besitzverhältnisse, sie stärkt jene, die bereits viel haben, und schwächt jene, die gerade genug besitzen, um Verantwortung zu tragen, aber zu wenig, um Spielräume zu nutzen.

Inflation entwertet nicht nur Geld, sie entwertet auch Vertrauen. Und Vertrauen ist die Grundlage jeder offenen Gesellschaft. Wenn dieses Vertrauen schwindet, bröckelt das Fundament. Menschen beginnen zu zweifeln – nicht nur an Preisen, sondern an Institutionen, an Politik, an der

Idee, dass Leistung belohnt wird. Diese Zweifel verändern Gesellschaften. Sie schaffen Raum für Populismus, für Polarisierung, für Abgrenzung.

Leben auf Pump: Wenn Schulden zur Dauerlösung werden

In vielen Haushalten ist Kredit längst kein Ausnahmefall mehr, sondern Bestandteil alltäglicher Finanzplanung. Dabei dient Verschuldung nicht mehr nur dazu, große Investitionen wie den Hausbau oder die Unternehmensgründung zu ermöglichen. Immer häufiger finanzieren Kredite ganz alltägliche Ausgaben: neue Haushaltsgeräte, Autoreparaturen, medizinische Leistungen oder den Einkauf vor dem Monatsende.

Die Gründe dafür liegen auf der Hand. Wenn Einkommen nicht mehr mit Lebenshaltungskosten Schritt halten, entsteht eine Lücke. Diese Lücke wird zunehmend durch Konsumkredite, durch Ratenzahlungen, durch Überziehungen auf dem Girokonto überbrückt.

Diese Form der Verschuldung verlagert das ökonomische Risiko auf den Einzelnen. Sie bringt kurzfristige Entlastung, aber sie bindet Menschen in langfristige Verpflichtungen. Wer regelmäßig Schulden zurückzahlt, lebt in einer Situation ständiger Vorleistung. Jeder Monat beginnt nicht bei null, sondern mit dem Abtragen vergangener Ausgaben.

Diese Dynamik verändert nicht nur Budgets, sie verändert auch das Lebensgefühl. Wer dauerhaft verschuldet lebt, spürt das Gewicht jeder Entscheidung. Die Frage, ob man sich eine Ausgabe leisten kann, wird zur Rechenaufgabe. Der Blick auf die Zukunft verliert an Weite.

Gleichzeitig erzeugt Verschuldung neue Abhängigkeiten. Banken, Kreditvermittler, digitale Plattformen bieten Finanzierungsmöglichkeiten an, die auf den ersten Blick einfach erscheinen. Doch hinter der scheinbaren Leichtigkeit lauern Zinsen, Gebühren, Vertragsbedingungen.

Viele Haushalte unterschätzen die langfristigen Kosten kleiner Kreditbeträge. Wer in Raten zahlt, zahlt oft mehr. Und wer nicht mehr zahlen kann, gerät in Verzug, erlebt Mahnverfahren, verliert Zugang zu neuen Krediten. Diese Spirale verfestigt Armut – nicht dramatisch, sondern allmählich, über Jahre hinweg.

Auch staatliche Haushalte setzen zunehmend auf Kreditfinanzierung. Öffentliche Investitionen, Krisenhilfen, Subventionen – vieles davon basiert auf Schulden. Diese Schulden erscheinen abstrakt, sie betreffen keine Einzelperson unmittelbar. Doch sie beeinflussen die Gestaltungsspielräume kommender Generationen.

Wenn Zinslasten steigen, wenn Haushalte restriktiver geplant werden müssen, entsteht Druck. Dieser Druck wirkt sich auf die Ausstattung von Schulen, auf den Wohnungsbau, auf den öffentlichen Nahverkehr aus. Die

Folgen sind spürbar – vor allem dort, wo Menschen auf staatliche Leistungen angewiesen sind.

In der öffentlichen Debatte erscheint Verschuldung oft als notwendig, als Ausdruck von Handlungsfähigkeit. Doch der Preis dieser Handlungsfähigkeit ist eine langfristige Belastung. Eine Belastung, die gesellschaftliche Ungleichgewichte verstärken kann. Denn wer über Mittel verfügt, kann sich gegen Krisen absichern, kann investieren, kann Schulden strategisch nutzen.

Wer am Existenzminimum lebt, verschuldet sich, um über die Runden zu kommen und gerät schneller in Abhängigkeit.

Das brüchige Selbstbild: Wenn Leistung kein Versprechen mehr trägt

Für viele Menschen war es über Generationen hinweg ein stiller, aber kraftvoller Glaubenssatz: Wer sich anstrengt, wer fleißig ist, wer Verantwortung übernimmt, der wird auf Dauer ein gutes Leben führen. Dieses Selbstbild trug die Mittelschicht und es verlieh ihr nicht nur materiellen, sondern auch kulturellen Halt.

Es prägte die Art, wie Eltern mit ihren Kindern sprachen, wie Lehrer Schüler motivierten, wie Beruf und Familie in Einklang gebracht wurden. Es entstand eine Vorstellung von Aufstieg, die auf Verlässlichkeit und Eigeninitiative beruhte.

Doch dieses Bild beginnt zu bröckeln. Immer mehr Menschen, die sich zu dieser Mitte zählen, spüren, dass ihre Anstrengung nicht mehr ausreicht, um sich in Sicherheit zu wiegen. Wer spart, erlebt, dass Rücklagen keine Rendite bringen. Wer vorsorgt, erkennt, dass Versicherungen Lücken lassen. Wer sich bildet, merkt, dass Qualifikationen nicht automatisch zu stabilen Karrieren führen.

Diese Erfahrung erschüttert. Denn sie stellt nicht nur materielle Grundlagen in Frage, sondern auch Identität, Stolz, Zugehörigkeit.

Wenn sich der Glaube an Aufstieg durch Leistung verflüchtigt, entsteht eine emotionale Leerstelle. Diese Leerstelle wird nicht sofort sichtbar. Sie zeigt sich in einem leisen Rückzug, in einer wachsenden Skepsis gegenüber Institutionen, in der Abkehr von gesellschaftlichem Engagement.

Wer das Gefühl verliert, dass sich Einsatz lohnt, verliert auch den Antrieb, sich einzubringen. Das betrifft nicht nur Politik oder Zivilgesellschaft, sondern auch Alltagssituationen: in Vereinen, in Schulen, am Arbeitsplatz.

Diese innere Erosion wirkt tief. Denn die Mittelschicht war nicht nur ökonomischer Träger der Gesellschaft, sondern auch moralisches Rückgrat. Sie verkörperte Disziplin, Verlässlichkeit, Gemeinsinn.

Wenn diese Schicht sich selbst nicht mehr tragen kann, verändert sich das gesellschaftliche Klima. Aus Vertrauen wird Misstrauen. Aus Dialog wird Abgrenzung. Aus Verantwortung wird Selbstschutz.

Diese Entwicklung gefährdet den Zusammenhalt – nicht durch Konflikt, sondern durch das stille Verschwinden gemeinsamer Bezugspunkte.

Neue Wege, neues Vertrauen: Perspektiven für eine gestärkte Mitte

Wenn eine Gesellschaft spürt, dass das Fundament der Mitte zu bröckeln beginnt, dann steht sie an einem Scheideweg. Dieser Weg führt entweder zu weiterer Erosion oder zu einem neuen Aufbruch. Ein Aufbruch verlangt Mut zur Ehrlichkeit, den Mut, Fehlentwicklungen zu benennen, aber auch die Bereitschaft, neue Wege zu denken, die dem Prinzip der Gerechtigkeit ebenso gerecht werden wie dem Wunsch nach Freiheit und Eigenverantwortung.

Um die Mitte zu stärken, braucht es keine Versprechen, die auf vergangene Modelle setzen, sondern Initiativen, die in der Gegenwart wurzeln und Zukunft ermöglichen. Das beginnt mit einem Steuersystem, das Arbeit nicht bestraft, sondern belohnt.

Wer Leistung bringt, sollte spüren, dass dies anerkannt wird – nicht nur durch Worte, sondern durch konkrete

Entlastung. Einkommen, die aus eigener Tätigkeit erwirtschaftet werden, brauchen mehr Wertschätzung durch geringere Abgaben, durch transparente Systeme, durch nachvollziehbare Verwendung öffentlicher Mittel.

Bildung muss wieder zum Schlüssel für soziale Mobilität werden – und das bedeutet, dass sie unabhängig vom Elternhaus, vom Wohnort oder vom Geldbeutel zugänglich und hochwertig gestaltet werden muss. Kinder aus der Mitte dürfen keine Sorge haben, dass ihnen Wege versperrt bleiben, nur weil ihre Familien am Limit leben.

Bildung darf nicht zur Frage des Glücks oder der Herkunft werden, sondern muss als gemeinsame Investition in eine gerechtere Gesellschaft begriffen werden.

Wohnen gehört zur Daseinsvorsorge. Die Mitte braucht Räume, in denen sie leben kann – sicher, bezahlbar, eingebunden. Wenn Städte nur noch für Einkommensstarke geplant werden, verliert das Gemeinwesen seinen sozialen Zusammenhalt.

Es braucht eine neue Wohnpolitik, die nicht Spekulation ermöglicht, sondern Heimat schafft. Eigentum darf kein Privileg sein, sondern sollte wieder eine realistische Option für jene sein, die bereit sind, Verantwortung zu übernehmen.

Auch die digitale Infrastruktur muss zur Grundlage neuer Chancengleichheit werden. Wer im ländlichen Raum lebt, darf sich nicht vom Fortschritt ausgeschlossen fühlen.

Digitalisierung kann Brücken bauen, aber nur dann, wenn sie nicht als Ersatz für Nähe verstanden wird, sondern als Ergänzung zur persönlichen Freiheit.

Die Mitte lebt davon, dass sie sich als Teil eines sinnvollen Ganzen versteht – und dieses Verständnis entsteht durch Teilhabe, durch Mitsprache, durch Respekt.

Politik kann Vertrauen nur zurückgewinnen, wenn sie nicht über Menschen hinweg entscheidet, sondern mit ihnen gemeinsam gestaltet. Bürgerbeteiligung darf kein Symbol sein, sondern muss Struktur bekommen.

Wenn Menschen erleben, dass ihre Stimme Gewicht hat, dass ihre Erfahrungen ernst genommen werden, entsteht neue Bindung. Diese Bindung ist die Voraussetzung für das, was eine Gesellschaft zusammenhält: das Gefühl, Teil eines Vorhabens zu sein, das größer ist als das eigene Leben.

Die neue Armut ist nicht nur ein ökonomisches Phänomen. Sie ist ein Symptom für eine Verschiebung im Gefüge unserer Gesellschaft.

Wer dieser Verschiebung begegnen möchte, braucht mehr als Programme und Statistiken.

Er braucht ein neues Verständnis von Mitte – eines, das nicht auf Besitz oder Status blickt, sondern auf Haltung, auf Einsatz, auf Verbundenheit.

Die neue Mitte entsteht dort, wo Menschen füreinander einstehen – und wo Strukturen geschaffen werden, die genau dieses Einstehen ermöglichen.

—

📓 Quellen und weiterführende Hinweise:

☐ Financial Stability Board (FSB): „BigTech in finance: Market developments and potential financial stability implications" (2019)

☐ Europäische Kommission: „Digital Finance Strategy" (2020)

☐ OECD: „Digital Disruption in Banking and Its Impact on Competition" (2020)

☐ Bundeskartellamt: „Marktmacht von Plattformen und Netzwerken" (2019)

Kapitel 11

Finanzielle Repression 2.0
Zinsen, Kontozugriffe,
Kapitalverkehrskontrollen – wie Bürger
systematisch entrechtet werden

"Freiheit endet dort, wo der Zugang zum eigenen
Vermögen verhandelbar wird."

Unbekannt

Die unsichtbare Grenze: Wie Kontrolle im
Finanzsystem beginnt

In stabilen Gesellschaften galt lange das Prinzip, dass
Eigentum schützt, dass Guthaben verfügbar bleibt, dass
Finanzentscheidungen bei den Menschen selbst liegen.
Dieses Prinzip beruhte auf Vertrauen – in Institutionen, in
Rechtsstaatlichkeit, in individuelle Freiheit. Doch in der
Gegenwart mehren sich Zeichen, die dieses Vertrauen
erschüttern.

Immer mehr Regulierungen, immer dichtere
Berichtspflichten, immer größere Eingriffsmöglichkeiten

des Staates und der Banken lassen ein Gefühl entstehen, dass der Zugriff auf das eigene Geld nicht mehr selbstverständlich ist.

Diese Form der finanziellen Repression wirkt leise. Sie wird nicht als Verbot empfunden, sondern als Vorsichtsmaßnahme, als Schutz, als Steuerung. Doch hinter diesen Begriffen steht ein Machtanspruch. Wer entscheidet, wann ein Konto gesperrt wird, wann eine Transaktion auffällig erscheint, wann Bargeldgrenzen gelten, bestimmt über Handlungsspielräume.

Diese Handlungsspielräume werden enger – für Privatpersonen, für Unternehmen, für gemeinnützige Initiativen.

Gleichzeitig werden Zinsen auf Sparguthaben über Jahre künstlich niedrig gehalten. Diese Politik der Zentralbanken wird mit Wirtschaftsstabilität begründet, doch sie entzieht Millionen von Menschen die Möglichkeit, durch konservatives Sparen eine Rücklage aufzubauen.

Während Vermögende Ausweichstrategien nutzen – Immobilien, Aktien, Beteiligungen – bleibt der Mittelstand gebunden an Konten, die keine Rendite bringen, aber Inflation ausgesetzt sind.

Bargeld unter Verdacht: Wenn Freiheit in Scheinen verschwindet

Bargeld ist weit mehr als ein Tauschmittel aus Papier. Es verkörpert Unmittelbarkeit, Selbstbestimmung, die Möglichkeit, jenseits von Protokollen, Datenströmen und digitalen Zugriffsrechten wirtschaftlich zu handeln. Doch diese Form der Autonomie gerät zunehmend in den Schatten einer politischen, wirtschaftlichen und technologischen Entwicklung, die Kontrolle als Effizienz, Überwachung als Sicherheit und Datenfluss als Fortschritt verkauft.

Diese Entwicklungen erscheinen auf den ersten Blick nachvollziehbar – sie dienen angeblich dem Kampf gegen Geldwäsche, dem Schutz vor Terrorismusfinanzierung, der Bekämpfung illegaler Märkte. In der Realität jedoch verlagern sie die Beweislast: Nicht mehr der Missbrauch steht im Fokus, sondern die Nutzung selbst wird zum Risiko erklärt.

Wenn Bargeld ab einem bestimmten Betrag angemeldet werden muss, wenn Einzahlungen Nachfragen auslösen, wenn Auszahlungen limitiert oder verzögert erfolgen, dann entsteht ein Klima des Misstrauens. In diesem Klima verliert Bargeld seine Funktion als frei verfügbares Mittel. Es wird nicht direkt verboten, doch seine Nutzung wird so erschwert, dass es schleichend verschwindet.

Menschen beginnen, sich selbst zu limitieren, aus Sorge vor Rückfragen, aus Unsicherheit über Regelungen, aus Angst vor Verdacht. Diese Form der Selbstzensur ist besonders wirksam, weil sie nicht auf Druck basiert, sondern auf psychologischer Anpassung.

Die technologische Entwicklung verstärkt diesen Trend. Digitale Zahlungssysteme bieten Komfort – sie sind schnell, bequem, vernetzt. Doch dieser Komfort hat einen Preis. Jeder digitale Zahlungsvorgang hinterlässt eine Spur.

Diese Spur kann analysiert, verknüpft, gespeichert und ausgewertet werden. Wer wann wo wie viel ausgibt, wird zur Information mit wirtschaftlichem, sozialen und politischen Wert. Diese Informationen sind nicht nur für Banken und Unternehmen von Interesse, sondern auch für Staaten, Behörden und Sicherheitsdienste. In einer vernetzten Welt wird das Konto zum Fenster in die Privatsphäre.

Gleichzeitig geraten Banken in eine neue Rolle. Sie agieren nicht mehr nur als Dienstleister, sondern zunehmend als Erfüllungsgehilfen regulatorischer Vorgaben. Verdachtsmeldungen, Prüfpflichten und Transaktionsüberwachung – all das wird nicht durch den Staat direkt kontrolliert, sondern an die Finanzindustrie ausgelagert.

Diese übernimmt somit eine Kontrollfunktion, die in demokratischen Ordnungen eigentlich staatlicher Gewalt vorbehalten ist. Die Grenze zwischen Staat und Wirtschaft verschwimmt – auf Kosten der Bürgerrechte.

Bewegung unter Vorbehalt: Wie Kapitalverkehrskontrollen Handlungsspielräume einschränken

In einer globalisierten Wirtschaft galt es über viele Jahre als selbstverständlich, dass Kapital frei fließen kann – über Grenzen hinweg, ohne bürokratische Hürden, ohne politische Einschränkungen. Diese Freiheit wurde als Voraussetzung für Wachstum, Innovation und Stabilität betrachtet.

Unternehmen planten Investitionen grenzüberschreitend, Privatpersonen konnten ihr Geld dort anlegen, wo sie Rendite oder Sicherheit vermuteten. Doch dieses Bild hat Risse bekommen.

Immer häufiger tauchen Maßnahmen auf, die Kapitalbewegungen einschränken. Diese Einschränkungen treten selten offen als Verbote auf. Vielmehr entstehen sie durch Berichtspflichten, durch Meldevorgaben, durch Genehmigungsverfahren. In manchen Staaten müssen Auslandsüberweisungen ab bestimmten Schwellenwerten genehmigt werden.

In anderen Ländern existieren Listen mit Regionen oder Banken, bei denen besondere Sorgfaltspflichten greifen. All das hat eine Wirkung: Es wird schwieriger, komplexer, zeitaufwendiger, Geld zu bewegen. Wer diese Hürden umgehen möchte, riskiert Sanktionen.

Diese Entwicklung betrifft nicht nur große Konzerne oder vermögende Anleger. Auch kleine und mittlere Unternehmen, die international tätig sind, spüren die Folgen. Wer eine Maschine aus dem Ausland importieren möchte, wer Mitarbeiter im Ausland bezahlt, wer ein Start-up in einem Nachbarstaat gründet, muss heute mit administrativen Herausforderungen rechnen.

Diese Herausforderungen erzeugen Unsicherheit – und sie wirken abschreckend. Investitionen werden verschoben, Partnerschaften überdacht, Innovationen unterlassen.

Gleichzeitig verändert sich das Bild für Privatpersonen. Wer Ersparnisse im Ausland verwahren möchte, muss zahlreiche Regeln beachten. Die Wahl eines ausländischen Kontos wird zur rechtlichen Gratwanderung. Wer Immobilien in einem anderen Land kaufen möchte, trifft auf Meldepflichten, auf steuerliche Risiken, auf politische Diskussionen.

Die Freiheit, sein Eigentum international zu platzieren, wird zur Frage staatlicher Genehmigung. Das bedeutet nicht nur Einschränkung, sondern auch einen Wandel im Selbstverständnis von Eigentum.

Kapitalverkehrskontrollen entstehen nicht im luftleeren Raum. Sie folgen internationalen Standards, die von Institutionen wie der Financial Action Task Force (FATF) formuliert werden.

Diese Standards haben das Ziel, Finanzkriminalität zu verhindern, Geldwäsche zu erschweren, Terrorismusfinanzierung zu unterbinden. Doch die Art, wie diese Standards umgesetzt werden, verändert das Machtverhältnis zwischen Bürger und Staat. Der Bürger wird zum Verdachtsmoment – und muss nachweisen, dass seine finanziellen Aktivitäten legitim sind.

Diese Umkehr der Beweislast verschiebt die Grundannahmen liberaler Gesellschaften.

Besonders heikel wird es, wenn Finanzinstitute bei der Umsetzung dieser Standards weitreichende Kompetenzen erhalten. Banken sperren Konten, verweigern Überweisungen, beenden Geschäftsbeziehungen – nicht auf Basis eines Urteils, sondern aus Vorsicht.

Die Angst vor Reputationsschäden, vor Sanktionen, vor regulatorischen Konsequenzen treibt viele Institute dazu, übervorsichtig zu agieren.

Diese Übervorsicht trifft nicht nur dubiose Akteure, sondern auch gemeinnützige Organisationen, kleine Unternehmen, Privatpersonen mit internationalem Bezug.

Eigentum unter Vorbehalt: Wie die neue Normalität das Vertrauen verändert

Eigentum galt über Generationen hinweg als Symbol von Sicherheit, Unabhängigkeit und Freiheit. Wer ein Konto besaß, wer ein Grundstück verwaltete, wer in Unternehmensanteile investierte, fühlte sich eingebettet in eine Ordnung, die persönliche Leistung mit gesellschaftlicher Anerkennung verknüpfte. Doch diese Ordnung verändert sich. Immer häufiger erfahren Menschen, dass ihr Eigentum nicht mehr autonom verwaltet wird, sondern Teil eines Systems ist, das Zugriff erlaubt, das Genehmigungen verlangt, das Bedingungen stellt.

Diese Bedingungen treten nicht als direkte Enteignung in Erscheinung. Vielmehr entsteht eine neue Art der Verfügbarkeit – eine Verfügbarkeit unter Vorbehalt. Wer Geld auf seinem Konto hat, kann es nicht unbedingt jederzeit frei bewegen.

Wer Vermögen besitzt, wird geprüft, beobachtet, klassifiziert. Diese Klassifizierungen entstehen durch Algorithmen, durch regulatorische Standards, durch Risikomodelle. Die individuelle Lebensrealität tritt dabei in den Hintergrund.

Die Entscheidung, ob ein Vorgang erlaubt, verdächtig oder blockiert wird, hängt nicht mehr von persönlicher Einschätzung ab, sondern von abstrakten Regeln, die im Hintergrund operieren.

In dieser Struktur verschiebt sich die Vorstellung von Sicherheit. Sicherheit bedeutet nicht mehr den Schutz vor Verlust, sondern die Bereitschaft, sich regelkonform zu verhalten. Wer auffällt, weil er zu viele Bargeldabhebungen tätigt, weil er Kapital ins Ausland verlagert, weil er alternative Finanzwege nutzt, riskiert, als Risiko eingestuft zu werden – mit allen Konsequenzen. Diese Konsequenzen reichen von Rückfragen der Bank bis hin zu Kontokündigungen, von verzögerten Überweisungen bis zu eingeschränkter Kreditwürdigkeit.

Diese Entwicklung beeinflusst auch die psychologische Dimension von Eigentum. Menschen beginnen, sich nicht mehr als Eigentümer zu verstehen, sondern als Nutzer mit eingeschränkter Verfügung. Sie erleben, dass ihr Besitz von Regeln abhängt, die sich ändern können.

Dieses Gefühl untergräbt das Vertrauen – nicht nur in Finanzinstitute, sondern in die gesellschaftliche Ordnung als Ganzes. Denn wer Eigentum nicht als Schutzraum erlebt, sondern als Überwachungsfläche, verliert das Gefühl von Autonomie.

Auch Investitionen verändern sich unter diesem Eindruck. Wer Kapital anlegen möchte, prüft nicht nur Rendite und Risiko, sondern auch regulatorische Stabilität. Die Frage, ob ein Finanzprodukt auch morgen noch frei verfügbar bleibt, wird zum Kriterium.

In manchen Regionen führt das dazu, dass Kapital ins Ausland verlagert wird – nicht wegen höherer Gewinne, sondern wegen stabilerer Eigentumsverhältnisse. Diese Kapitalflucht ist ein stilles Signal. Sie sagt: Vertrauen entsteht dort, wo Freiheit nicht durch administrative Willkür eingeschränkt wird.

Gleichzeitig entstehen neue Geschäftsmodelle, die aus der Unsicherheit Nutzen ziehen. Anbieter von Wallets, von Kryptowährungen, von alternativen Zahlungswegen werben mit Autonomie, mit Datenschutz, mit Unabhängigkeit. Diese Angebote treffen auf offene Ohren – nicht nur bei Technikaffinen, sondern auch bei jenen, die das Gefühl haben, dass ihre traditionelle Bankverbindung nicht mehr schützt, sondern überwacht.

In dieser neuen Ökonomie des Misstrauens verschieben sich Loyalitäten. Der Kunde wird zum Wanderer – auf der Suche nach Sicherheit, die nicht durch Regularien definiert wird.

Wege aus der Enge: Finanzielle Selbstbestimmung in unsicheren Zeiten

Wenn das Vertrauen in die bestehenden Finanzstrukturen schwindet, entstehen Fragen, die weit über Zinsen und Kontoführung hinausreichen. Diese Fragen betreffen die Grundlagen wirtschaftlicher Selbstbestimmung. Sie betreffen das Verhältnis zwischen Bürger und Staat, zwischen Freiheit und Kontrolle, zwischen Eigentum und Zugang.

Antworten auf diese Fragen lassen sich nicht allein in neuen Technologien finden, auch wenn diese eine wichtige Rolle spielen. Sie entstehen vielmehr dort, wo Menschen bereit sind, ihre finanzielle Verantwortung neu zu definieren – und wo politische und gesellschaftliche Rahmenbedingungen das ermöglichen.

Ein zentraler Baustein für mehr Unabhängigkeit liegt in der Wiederentdeckung von Bildung als Schutzmechanismus. Finanzbildung darf sich nicht auf Zinssätze oder Haushaltsplanung beschränken. Sie sollte befähigen, wirtschaftliche Strukturen zu hinterfragen, Risiken zu erkennen, Alternativen zu prüfen.

Wer versteht, wie Geldpolitik funktioniert, wie Banken arbeiten, wie Regulierung entsteht, kann informierte Entscheidungen treffen – und bleibt seltener Spielball einer undurchsichtigen Ordnung.

Gleichzeitig braucht es rechtliche Klarheit. Eigentum muss wieder als unantastbare Grundlage persönlicher Freiheit verstanden werden – mit allen juristischen Konsequenzen. Gesetzgeber sollten definieren, welche Eingriffe in Eigentum zulässig sind, welche Instanzen darüber entscheiden und welche Rechte betroffene Bürger haben. Transparente Verfahren, nachvollziehbare Regeln und wirksamer Rechtsschutz stärken das Vertrauen. Sie schaffen Raum für Kritik, aber auch für Verlässlichkeit.

Auf wirtschaftlicher Ebene können dezentrale Finanzsysteme einen Beitrag leisten. Plattformen, die auf Blockchain-Technologien basieren, versprechen eine Infrastruktur, in der keine zentrale Instanz über Transaktionen entscheidet.

Diese Strukturen sind noch jung, oft instabil, mitunter auch spekulativ. Doch sie zeigen, dass Alternativen möglich sind. Wenn Menschen ihre finanziellen Geschäfte direkt und transparent abwickeln, wenn Eigentum digital gesichert, aber nicht zentral kontrolliert wird, entsteht ein neues Gleichgewicht zwischen Freiheit und Verantwortung.

Auch Genossenschaften, regionale Banken und solidarische Finanzinitiativen erleben in diesem Kontext eine Renaissance. Sie setzen auf Nähe, auf Transparenz, auf gemeinsame Werte.

Dort, wo Banken als Partner auftreten, wo Kredite auf Vertrauen und nicht auf Bonitätsalgorithmen beruhen, entsteht eine andere Qualität von Beziehung. Diese Form der Beziehung kann Sicherheit vermitteln – nicht über Masse, sondern über Sinn.

Politisch braucht es eine neue Sensibilität für die Bedeutung finanzieller Autonomie. Datenschutz, Eigentumsrechte, der Zugang zu Bargeld – all das muss nicht als Nische behandelt werden, sondern als zentrale Frage demokratischer Stabilität. In Zeiten, in denen Kontrolle mit Sicherheit verwechselt wird, müssen Freiräume verteidigt werden.

Diese Verteidigung geschieht nicht durch Rückzug, sondern durch Gestaltung. Sie braucht eine informierte Öffentlichkeit, mutige Entscheidungsträger und eine Zivilgesellschaft, die sich als Akteur im Finanzsystem begreift.

Letztlich steht hinter all diesen Überlegungen ein Gedanke: Freiheit beginnt dort, wo Menschen sich als handlungsfähig erleben.

Diese Handlungsfähigkeit zu fördern, zu schützen und zu erneuern – das ist die Aufgabe, die in einer Ära finanzieller Repression neu gestellt werden muss.

📑 Quellen und weiterführende Hinweise:

☐ IMF: „Financial Repression Redux" (2013)

☐ BIZ: „Negative interest rates: why they are being used and what to expect" (2019)

☐ Europäische Kommission: „Capital Markets Union Action Plan" (2020)

☐ Deutsche Bundesbank: „Kapitalverkehrskontrollen und ihre Auswirkungen" (2021)

Kapitel 12

Widerstand ist möglich: Strategien für ein freies Geldleben

Bargeld, dezentrale Alternativen wie Bitcoin, Bildung, Selbstermächtigung
– was jeder tun kann, bevor es zu spät ist

"Freiheit besteht nicht im Besitz, sondern im Verstehen
dessen, was den Besitz möglich macht."
Hannah Arendt

Die Kraft der Entscheidung: Warum persönliche Verantwortung der Anfang ist

Freiheit entfaltet sich aus einer inneren Haltung heraus, die durch Bewusstsein und Eigenverantwortung geprägt ist. In einer Zeit, in der digitale Systeme immer stärker mit sozialen und finanziellen Aspekten des Lebens verwoben sind, erhält die persönliche Entscheidungskraft eine neue Bedeutung.

Diese Kraft bildet den Grundstein für ein Leben, das auf Selbstbestimmung, Achtsamkeit und Orientierung in komplexen Zusammenhängen beruht. Eine neue Ordnung kann dort wachsen, wo Menschen ihre

Handlungsmöglichkeiten erkennen, sie reflektieren und in ihrem Alltag aktiv gestalten.

In diesem Kapitel entsteht eine Art Landkarte, die keine festen Routen vorgibt, sondern Raum für individuelle Wege schafft. Diese Wege folgen keiner einzigen Wahrheit, sondern eröffnen Perspektiven, die sich aus der Auseinandersetzung mit der eigenen Verantwortung ergeben.

Wer beginnt, Entscheidungen mit Bedacht zu treffen, erkennt allmählich, wie sehr jede Handlung Teil eines größeren Zusammenhangs ist. Dies beginnt bei den scheinbar kleinen Dingen des Alltags: der bewusste Umgang mit Zahlungsmitteln, das reflektierte Spar- und Konsumverhalten, das Streben nach einem Verständnis der Mechanismen, die unsere wirtschaftliche Realität prägen.

Die Wahl, Bargeld zu verwenden, drückt in diesem Zusammenhang einen Akt der Autonomie aus. Bargeld ermöglicht einen direkten Austausch, der nicht durch digitale Vermittler, Datenspeicherung oder externe Zustimmung beeinflusst wird.

Es braucht weder Strom noch Internetzugang, es funktioniert unabhängig von Netzwerken oder Zugriffsrechten. In seiner Einfachheit liegt eine Würde, die aus der Unmittelbarkeit der Handlung erwächst.

Wer Bargeld nutzt solange es noch geht, bezieht klare Stellung durch das Bekenntnis zu einer Form von

Wirtschaft, die auf menschlicher Nähe, Transparenz und Augenhöhe beruht.

Die Macht der Alternativen: Warum Bitcoin mehr als Technik ist

Bitcoin steht für eine Idee, die weit über den technologischen Rahmen hinausreicht. Seine Architektur basiert auf Offenheit, auf der Zugänglichkeit seines Codes, auf der Dezentralität seiner Struktur. Diese Merkmale schaffen ein Umfeld, in dem Vertrauen nicht durch Autorität entsteht, sondern durch Rechenprozesse, durch Transparenz und durch die Verlässlichkeit von Systemen, die nachvollziehbar und überprüfbar gestaltet sind.

Bitcoin stellt eine sehr große Chance dar, sich aus den engen Bahnen herkömmlicher Finanzstrukturen zu befreien. In Regionen, in denen die Stabilität nationaler Währungen fehlt, entsteht durch die Nutzung von Bitcoin ein Schutzmechanismus gegen den Verfall von Kaufkraft.

In politischen Kontexten, in denen Repression und Kontrolle zum Alltag gehören, bietet er einen Weg, finanzielle Teilhabe zu bewahren. Auch in Gesellschaften mit funktionierenden Institutionen entdecken immer mehr Menschen in Bitcoin ein Instrument, um sich mit neuen Formen des Eigentums, mit Verantwortung und mit technologischer Bildung auseinanderzusetzen.

Der Umgang mit Bitcoin verlangt ein Verständnis für die Struktur digitaler Vermögenswerte. Nutzerinnen und Nutzer müssen sich mit Begriffen wie Schlüsselsicherheit, dezentralen Netzwerken und Speicherlösungen auseinandersetzen. Diese Auseinandersetzung führt zu einem neuen Verhältnis zum eigenen Geld.

Wer lernt, eine digitale Brieftasche eigenständig zu verwalten, wer begreift, wie Transaktionen auf einer Blockchain dokumentiert werden, erfährt eine Form von Freiheit, die auf Wissen und auf Kontrolle über die eigenen Mittel beruht.

Gleichzeitig entwickelt sich um Bitcoin eine Kultur, die auf Kooperation, Offenheit und gegenseitiger Unterstützung basiert. In Foren, auf Konferenzen, in Lerngruppen entstehen Räume für Austausch, für Kritik, für gemeinsames Lernen.

Diese Räume fördern ein Selbstverständnis, das auf Mündigkeit, auf ethischem Handeln und auf der Idee eines freien Marktes basiert, der durch Verantwortung und Transparenz getragen wird.

Wissen als Werkzeug: Bildung als Schlüssel zur Selbstermächtigung

Bildung beginnt mit der Bereitschaft, die eigenen Begrenzungen zu erkennen und sich darüber hinaus zu entwickeln. In einer Welt, die von digitalen Plattformen, von automatisierten Prozessen und von global vernetzten Wirtschaftskreisläufen geprägt ist, reicht es nicht aus, Wissen nur zu konsumieren. Es geht darum, Wissen aktiv zu gestalten, es anzuwenden und in den Kontext der eigenen Lebensrealität einzubetten.

Wer sich auf diesen Weg macht, entdeckt nicht nur neue Fakten, sondern auch die Fähigkeit zur Unterscheidung, zur Analyse und zur Einordnung.

Finanzbildung, die diesen Namen verdient, erschöpft sich nicht in Produktvergleichen oder in Empfehlungen zur Altersvorsorge. Sie beginnt mit der Auseinandersetzung mit Geld selbst. Was ist Geld? Wer erschafft es? Wer kontrolliert die Geldmenge? Wie entsteht Inflation? Was bedeutet Zinseszins für gesellschaftliche Strukturen?

Diese Fragen erscheinen auf den ersten Blick theoretisch. In Wahrheit jedoch betreffen sie den Alltag jedes Menschen. Wer erkennt, dass wirtschaftliche Entscheidungen politische Auswirkungen haben, beginnt, sich als mündiger Akteur in einem größeren Ganzen zu sehen.

Besonders in Zeiten wirtschaftlicher Unsicherheit wird Bildung zum Schutzraum. Sie hilft dabei, Propaganda zu erkennen, Marketing von Information zu unterscheiden, Versprechen zu prüfen.

Wer versteht, wie Märkte funktionieren, wie Banken operieren und wie Regulierungssysteme aufgebaut sind, kann Risiken besser einschätzen und Chancen gezielter nutzen. Diese Fähigkeit zur Einschätzung ersetzt Angst durch Orientierung.

Darüber hinaus entsteht natürlich durch Bildung eine neue Form der Verbundenheit. Menschen, die gemeinsam lernen, entwickeln Vertrauen, Solidarität und gegenseitige Unterstützung.

In Lerngruppen, in Initiativen zur ökonomischen Aufklärung, in digitalen Kursen und analogen Workshops wächst ein neues Verständnis von Gemeinschaft. Diese Gemeinschaft basiert auf Wissen, auf Dialog und auf der gemeinsamen Suche nach Antworten.

Der Alltag als Bühne: Praktische Wege zur Rückgewinnung von Selbstbestimmung

Selbstbestimmung beginnt natürlich im täglichen Tun. Jeder Einkauf, jede Überweisung und jedes Gespräch über Geld tragen dazu bei, den Rahmen zu gestalten, in dem wir wirtschaften und leben.

Wenn Menschen beginnen, ihre Konsumentscheidungen bewusster zu treffen, verändern sie nicht nur ihren eigenen Alltag, sondern auch die Bedingungen, unter denen Unternehmen, Händler und Dienstleister operieren.

Wer sich mit den Ursprüngen von Produkten auseinandersetzt, wer auf regionale Kreisläufe achtet, wer

Transparenz und Fairness einfordert, setzt ein Zeichen – kein spektakuläres, aber ein wirksames.

In einem freien Geldleben spielt Kooperation eine zentrale Rolle. Menschen, die sich zusammenschließen, um gemeinsam einzukaufen, zu investieren oder zu lernen, stärken nicht nur ihre wirtschaftliche Position, sondern auch ihr Vertrauen ineinander.

In Genossenschaften, in Tauschkreisen, in solidarischen Ökonomien entstehen Strukturen, die unabhängig von globalen Konzernen oder zentralen Plattformen funktionieren. Diese Strukturen entstehen natürlich nicht von selbst, sie brauchen Engagement, Kommunikation und gegenseitiges Vertrauen.

Doch gerade in der Entstehung liegt ihre Kraft. Wer Teil einer solchen Initiative wird, erlebt Gemeinschaft nicht als Ideologie, sondern als gelebte Praxis.

Auch die Nutzung alternativer Finanzsysteme bietet Raum für Gestaltung. Insbesondere digitale Währungen wie Bitcoin oder Projekte wie freie Kreditinitiativen, Crowdfunding-Plattformen oder dezentrale Börsen eröffnen Handlungsspielräume, die abseits traditioneller Institutionen existieren.

Diese Werkzeuge bieten nicht nur technische Lösungen, sondern fordern ein neues Verhältnis zur Verantwortung. Wer dezentral wirtschaftet, entscheidet selbst – und trägt auch selbst die Konsequenzen. Diese Erfahrung stärkt das Bewusstsein für die eigene Wirksamkeit.

Bewusst leben bedeutet auch, sich mit den eigenen Bedürfnissen auseinanderzusetzen. Was brauche ich wirklich? Was erfüllt mich? Welche Werte möchte ich unterstützen? Diese Fragen führen zu einem Konsumverhalten, das nachhaltiger, reflektierter und freier wird.

Wer kauft, um zu leben – und nicht lebt, um zu kaufen – bewegt sich auf einem Weg, der Unabhängigkeit fördert. In diesem Bewusstsein liegt ein Schlüssel zur Freiheit, der unabhängig von Kontostand oder Beruf zugänglich ist.

Das Morgen gestalten: Visionen einer freien Geldgesellschaft

Eine Gesellschaft, in der finanzielle Selbstbestimmung zum gelebten Prinzip wird, erkennt in jedem Individuum die Fähigkeit zur Entscheidung und zur Verantwortung. Diese Gesellschaft stützt sich nicht auf zentrale Kontrolle, sondern auf Vertrauen in die Mündigkeit ihrer Bürgerinnen und Bürger.

In dieser Vision entstehen Strukturen, die Vielfalt zulassen, die Initiative belohnen und die gemeinschaftliche Lösungen fördern, ohne die Freiheit des Einzelnen einzuschränken.

Ein solches Miteinander beruht auf mehreren Säulen. Dazu gehört eine Infrastruktur, die dezentrale Systeme nicht nur duldet, sondern fördert – durch rechtliche Rahmenbedingungen, durch technologische Offenheit, durch Bildung und durch einen Diskurs, der Vielfalt als Stärke begreift. Es entstehen Räume, in denen Innovationen sich entfalten, in denen Initiativen wie Nachbarschaftsbanken, solidarische Kreditnetzwerke oder Bildungsgenossenschaften Wurzeln schlagen.

Gleichzeitig braucht es einen Wandel im Selbstverständnis. Menschen beginnen, sich nicht mehr als Konsumenten zu sehen, sondern als Gestalter. In dieser Rolle übernehmen sie Verantwortung für ihre Entscheidungen, sie wirken in ihrer Umgebung, sie teilen Wissen, sie unterstützen Initiativen, die sich an ethischen und transparenten Werten orientieren. Eine solche Haltung fördert Vertrauen – nicht auf abstrakter Ebene, sondern im konkreten, gelebten Alltag.

In einer freien Geldgesellschaft wächst auch das Verständnis dafür, dass Reichtum viele Formen annehmen kann. Reichtum bedeutet Beziehung, bedeutet Zugang zu Bildung, bedeutet Gesundheit, bedeutet Sicherheit im Alter.

Diese Aspekte lassen sich nicht in Kontoständen messen, sondern in der Qualität der Beziehungen, in der Stabilität der Gemeinschaft und in der Tiefe des Verständnisses für das eigene Leben.

Freiheit im finanziellen Sinne entsteht, wenn Menschen die Regeln kennen, nach denen ihr Geldsystem funktioniert, und wenn sie die Möglichkeit haben, sich innerhalb dieser Regeln selbst zu organisieren.

Dies geschieht nicht durch bloße Technisierung oder Digitalisierung, sondern durch einen bewussten Umgang mit Ressourcen, durch Offenheit gegenüber Alternativen und durch eine ethische Verankerung des Wirtschaftens.

Die Zukunft einer freien Geldgesellschaft liegt in der Bereitschaft zur Verantwortung, zur Zusammenarbeit und zur ständigen Reflexion. Sie liegt in der Fähigkeit, Macht zu erkennen, sie zu hinterfragen und durch demokratische Prozesse zu gestalten.

Diese Zukunft ist keine Utopie, sondern eine echte Aufgabe. Eine Aufgabe, die in kleinen Schritten beginnt – im Alltag, im Gespräch, im Lernen und natürlich im Tun.

—

📑 Quellen und weiterführende Hinweise:

☐ Bitcoin Whitepaper: „Bitcoin: A Peer-to-Peer Electronic Cash System" von Satoshi Nakamoto (2008)

☐ Europäische Kommission: „Digital Finance Package"
(2020)

☐ Bundesministerium der Finanzen: „Blockchain-Strategie
der Bundesregierung" (2019)

☐ Open Banking Europe: „Open Banking: Advancing
Customer-Centric Banking" (2021)

Schlusswort:

Was kommt, wenn wir nichts tun

Die Geschichte des Geldes war und ist immer auch eine Geschichte von Macht, von Kontrolle, von Vertrauen und von Abhängigkeit.

Wer sie verstehen will, muss sich der Frage stellen, wer über die Regeln entscheidet, unter welchen Bedingungen Geld entsteht und welche Akteure über seine Bewegung und seinen Wert wachen.

In den letzten Jahrzehnten hat sich ein System etabliert, das auf der Oberfläche von Stabilität spricht, doch in seiner Tiefe von Ungleichgewicht geprägt ist.

Es verspricht Wachstum, aber es schafft immer mehr Unsicherheit. Es ruft nach Effizienz, doch verdrängt es Menschlichkeit. Es stellt sich als alternativlos dar, doch baut es auf einer Vielzahl von Entscheidungen, die politischen und wirtschaftlichen Interessen dienen, nicht jedoch dem Gemeinwohl.

Die zunehmende Verschmelzung von digitaler Überwachung, ökonomischer Zentralisierung und regulatorischer Willkür hat ein Umfeld geschaffen, das viele Menschen an den Rand ihrer finanziellen Selbstbestimmung führt.

Wer heute Geld überweist, tut dies über Systeme, deren Transparenz begrenzt bleibt. Wer spart, erlebt die schleichende Entwertung seines Guthabens. Wer investiert, stößt auf Netzwerke, die Zugang gewähren oder verwehren.

In diesem Klima entsteht ein neues Gefühl der Ohnmacht – getragen von dem Eindruck, dass Autonomie zum Privileg wird, während Kontrolle zur Norm gerät.

Diese Entwicklung geschieht nicht in Form eines dramatischen Umsturzes, sondern in kleinen, kaum sichtbaren Schritten. Es ist das Herabsenken der Bargeldgrenze, das Einschränken von Kontozugriffen, das Androhen von Sanktionen bei Regelverstößen.

Es ist die schrittweise Einführung von digitalen Zentralbankwährungen, die Möglichkeit der Programmierung von Geldflüssen, die Abhängigkeit von Infrastrukturen, die technokratisch verwaltet und demokratisch kaum legitimiert sind.

Es ist das stille Mitwirken von Konzernen, die mit sozialen Belohnungssystemen, mit KI-gestützten Bonitätsmodellen und mit manipulativen Nutzeroberflächen das Verhalten der Menschen in gewünschte Bahnen lenken.

Diese Tendenzen zu übersehen oder zu verharmlosen, bedeutet, die Grundlage unserer Freiheit aus der Hand zu geben. Denn ökonomische Freiheit ist kein Luxus. Sie bildet die Voraussetzung für politische Teilhabe, für kulturelle Entwicklung, für gesellschaftliche Stabilität.

Wer entscheidet, wie Geld verwendet werden darf, der entscheidet auch, welche Meinungen verstärkt oder gedämpft werden, welche Lebensentwürfe als sinnvoll gelten und welche Wünsche realisierbar bleiben. Deshalb beginnt Widerstand nicht mit lauten Parolen, sondern mit klarem Bewusstsein.

Ein solches Bewusstsein entsteht durch Bildung, durch Gemeinschaft, durch Reflexion. Es entwickelt sich durch die Bereitschaft, Fragen zu stellen, unbequem zu bleiben, Zusammenhänge zu erkennen.

Es wächst durch den Mut, alternative Wege zu beschreiten, durch das Vertrauen in die eigene Urteilskraft und durch die Bereitschaft, Verantwortung zu übernehmen – auch in einer Welt, die diese Verantwortung häufig delegiert sehen will. Die Zukunft liegt nicht fest. Sie formt sich durch unsere Handlungen, durch unsere Entscheidungen, durch Impulse.

Wer heute beginnt, sich mit dem eigenen Geldverhalten auseinanderzusetzen, wer alternative Strukturen unterstützt, wer Wissen teilt und Netzwerke aufbaut, verändert den Raum, in dem sich Gesellschaft entfalten kann.

Dieser Raum muss nicht durch Verordnungen verteidigt werden, sondern durch Lebendigkeit, durch Kreativität und durch Dialog.

Ein freies Geldleben beginnt dort, wo Menschen sich als Gestalter sehen. Diese Gestalter handeln nicht aus Angst, sondern aus Einsicht und Überzeugung. Sie nehmen die Dinge selbst in die Hand.

Ihre Werkzeuge heißen Transparenz, Bildung, Gemeinschaft und digitale Souveränität.

Ihre Motivation erwächst aus dem Wunsch, in Würde zu leben, in Verantwortung zu wirken und in Freiheit zu wachsen.

Jeder einzelne kann mit seinem Verhalten, mit seinen Entscheidungen, wie er tagtäglich mit seinen Geld Bewegungen umgeht. Solange es geht, immer nur Bargeld nutzen, so wenig als möglich digitale Abdrücke hinterlassen.

Sich schlicht verweigern, so lang und so oft es nur geht. Wir müssen es nur wirklich tun. Jeder für sich.

Nur dann kann es noch Hoffnung geben. Lassen wir nicht zu, dass wir unsere Freiheit vollends verlieren, nur weil wir nicht denken, nicht hinterfragen, nicht wissen und nur bequem sind. Es würde fatale Folgen für uns alle, für unsere Kinder und Kindeskinder haben.

Lassen wir uns nicht weiter betrügen!

„Es genügt nicht, über Freiheit zu sprechen. Man muss bereit sein, sie zu verteidigen – auch gegen Systeme, die sich freundlich geben."

Thomas Jefferson

"Der Angriff auf unsere Zukunft"

Wie Ideologie, Medien und Macht
unsere Freiheit bedrohen

Wir leben in einer Zeit des Umbruchs. Eine Zeit, in der Wahrheit zur Meinung wird, Freiheit zur Floskel und Kontrolle zum Alltag.

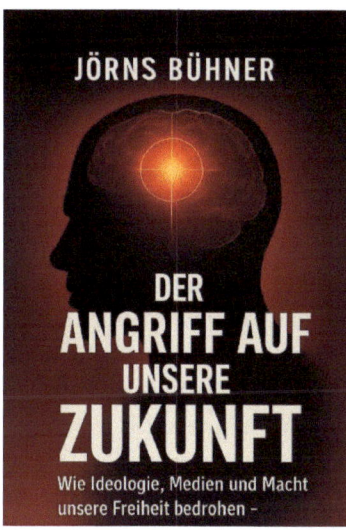

Was, wenn wir nicht mehr denken, sondern nur noch reagieren? Was, wenn unsere Kinder nicht mehr wachsen, sondern nur noch funktionieren sollen? Dieses Buch ist ein Weckruf. Es zeigt auf, wie Medien, Ideologien und mächtige Netzwerke gezielt unsere Denkweise beeinflussen - subtil, dauerhaft, tiefgreifend. Es geht um mehr als Politik. Es geht um unsere Würde. Unsere Werte. Unsere Zukunft. Dieses Buch ist nicht langatmig, sondern sehr ehrlich, prägnant, kurzweilig, klar und präzise auf den Punkt gebracht.

166 Seiten
BoD Verlag
ISBN: 9783769351798
€ 22,70

Der Cholesterin-Schwindel

Wie Medikamente und Mythen
unsere Gesundheit gefährden

Cholesterin – seit Jahrzehnten als gefährlicher Feind unserer Gesundheit verteufelt. Doch was, wenn alles ganz anders ist? In *„Der Cholesterin-Schwindel"* deckt Jörns Bühner auf, wie ein medizinischer Irrtum zur Milliardenindustrie wurde – und warum Millionen Menschen unnötig Medikamente einnehmen, die mehr Schaden als Nutzen bringen. Dieses Buch hinterfragt sehr kritisch die gängigen Empfehlungen der Pharmaindustrie und Schulmedizin, beleuchtet neueste wissenschaftliche Erkenntnisse und zeigt auf, wie Cholesterin tatsächlich im Körper wirkt – lebenswichtig statt lebensgefährlich. Ein aufrüttelndes Sachbuch für alle, die Gesundheit endlich selbst in die Hand nehmen wollen – fundiert, mutig und hochaktuell.

Ab Juni 2025 erhältlich
228 Seiten
ISBN: 9783819265174
€ 22,70

Im Würgegriff der Klima-Agenda

Der CO2 Schwindel
Der zweite Angriff auf die Menschheit

Dieses Buch ist keine Klimaleugnung, sondern ein wahrer Befreiungsschlag. Ein tiefgründiger, mutiger und radikal ehrlicher Blick hinter die Fassade der Klima-Ideologie. Es zeigt auf, wer wirklich profitiert, wer manipuliert und wer zahlt. Es analysiert faktenbasiert, erzählt fesselnd und spricht aus, was andere nicht einmal zu denken wagen. Kurzweilig, prägnant, klar, ehrlich und ohne Zensur.

Ein faktenbasiertes Buch für alle, die sich nicht den nächsten Pandemien mit Klimahintergrund willenlos ergeben wollen und bereits vorher klar erkennen wollen, was hinter den ideologischen Machenschaften und Repressalien der Globalisten steht.

Ab Juni 2025 erhältlich
152 Seiten
ISBN: 9783769351798
€ 22,70